2018 湖北思想库课题（项目编号：HBSXK201801 ）

湖北文理学院 2018 年度学科开放基金项目（项目编号：XK2018023）

湖北文理学院工商管理学科 2018 年度开放基金后期资助项目

家庭农场理论与实践创新研究

张文洲　罗　婧　著

辽宁大学出版社

图书在版编目（CIP）数据

家庭农场理论与实践创新研究/张文洲，罗婧著
. －沈阳：辽宁大学出版社，2018.11
ISBN 978-7-5610-8529-5

Ⅰ.①家⋯　Ⅱ.①张⋯②罗⋯　Ⅲ.①家庭农场－农
场管理－研究－湖北　Ⅳ.①F324.1

中国版本图书馆 CIP 数据核字（2018）第 251087 号

家庭农场理论与实践创新研究
JIATING NONGCHANG LILUN YU SHIJIAN CHUANGXIN YANJIU

出 版 者：辽宁大学出版社有限责任公司
　　　　　（地址：沈阳市皇姑区崇山中路 66 号　　邮政编码：110036）
印 刷 者：抚顺北方胶版彩色印刷有限公司
发 行 者：辽宁大学出版社有限责任公司
幅面尺寸：170mm×240mm
印　　张：12.75
字　　数：240 千字
出版时间：2018 年 11 月第 1 版
印刷时间：2018 年 11 月第 1 次印刷
责任编辑：于盈盈
封面设计：徐澄玥
责任校对：齐　阅

书　　号：ISBN 978-7-5610-8529-5
定　　价：45.00 元

联系电话：024-86864613
邮购热线：024-86830665
网　　址：http://press.lnu.edu.cn
电子邮件：lnupress@vip.163.com

前　　言

　　农业、农村、农民问题是关系国计民生的根本性问题。当前，我国发展不平衡不充分问题在乡村最为突出。当前制约我国经济发展的一个重要问题是城乡分割的二元经济结构，其突出表现为农村人口比重大，城市化水平低；农业与非农业产值和就业结构偏差过大；城乡居民收入和消费水平差距较大。另外，在经过30余年的发展后，农户以家庭为单位逐步向集体组织承包土地等生产资料和生产任务的家庭联产承包责任制转型，因生产成本高、规模效益得不到体现、土地利用集约化水平低下等缺陷问题日渐突出，已不能适应现阶段农业生产发展的要求，体现出制度递减效应。

　　2013年中央1号文件首次提出家庭农场后，农业部等相关部门专门发布文件规范促进家庭农场的发展。党的十八大报告以及2013至2018年连续六年中央1号文件都明确提出要加快构建新型农业经营体系，坚持农民家庭经营主体地位，引导土地经营权规范有序流转，创新土地流转和规模经营方式，积极发展多种形式适度规模经营，提高农民组织化程度。党的十九大明确了实施乡村振兴战略以及农村土地新政策。2018年中央1号文件进一步提出实施乡村振兴战略必须把制度建设贯穿其中，落实农村土地承包关系稳定并长久不变政策，衔接落实好第二轮土地承包到期后再延长30年的政策。笔者认为，有效解决农业最优规模经营问题必将对解决我国二元经济转换、推进农业现代化发展进程、实施乡村振兴战略起到举足轻重的作用。本书以湖北家庭农场的发展为研究主题，力求突破单一学科研究的限制，拓宽研究领域，对我国家庭农场形成机制、家庭农场的最优规模和决定因素、土地流转与家庭农场的关系、全产业链与一二三产业融合、农民工返乡创业等问题进行研究，进一步揭示家庭农场的内涵和一般发展规律及实现路径，最后提出乡村振兴战略下我国家庭农场发展的创新策略，期望能为政府相关的决策部门提供参考。

需要指出的是，新型农业经营主体是在农村新出现的生产模式，内涵丰富且广泛，在实践中又处于不断创新中，加之作者水平有限，书中难免有疏漏和不足之处，恳请各位专家和广大读者批评指正。

作 者

2018 年 8 月

目　　录

第一章　发展家庭农场的背景、意义 ……………………………… 1

　一、湖北农业发展概况 ……………………………………………… 1

　二、湖北农业的发展方向：现代农业 ……………………………… 5

　三、湖北现代农业的基本形式之一：家庭农场 …………………… 7

　四、研究方案 ……………………………………………………… 11

第二章　土地制度与家庭联产承包责任制 …………………………… 14

　一、新中国成立后我国农村土地制度的演变研究 ………………… 15

　二、家庭联产承包责任制的制度影响及递减效应 ………………… 20

第三章　家庭农场的经济理论基础 …………………………………… 24

　一、资产专用性理论 ………………………………………………… 24

　二、交易成本理论 …………………………………………………… 26

　三、规模经济与范围经济 …………………………………………… 27

第四章　家庭农场与农业适度规模经营 ……………………………… 30

　一、适度规模的基本理论 …………………………………………… 30

　二、我国发展农业适度规模经营的必要性 ………………………… 32

　三、我国发展农业适度规模经营应注意的几个问题 ……………… 36

　四、培育新型农业经营主体，推进我国农业适度规模经营 ……… 38

　五、农村土地流转适度规模评价指标体系构建 …………………… 41

第五章　家庭农场与土地流转 ………………………………………… 43

　一、我国的土地所有制和土地用途 ………………………………… 43

　二、土地流转概述 …………………………………………………… 43

　三、土地流转的原因 ………………………………………………… 44

　四、影响土地流转的主要障碍 ……………………………………… 47

五、土地流转规模化经营的切入点研究 …………………… 49

第六章 家庭农场与现代农业新业态 …………………………… 52

一、发达国家家庭农场模式 …………………………………… 52

二、我国家庭农场发展已经形成五大模式 ………………… 55

三、我国家庭农场与其他农业组织的比较 ………………… 58

四、现代农业新的经营模式和新兴业态 …………………… 63

第七章 家庭农场与农业全产业链 ……………………………… 67

一、农业全产业链概念 ………………………………………… 67

二、"全产业链"的理论分析 ………………………………… 69

三、全产业链发展的动力机制 ………………………………… 70

四、家庭农场对促进农业全产业链发展的作用 …………… 71

五、"互联网＋"农业产业链模式 …………………………… 73

第八章 家庭农场与农村一二三产业融合发展 ………………… 75

一、农村一二三产业融合的内涵 …………………………… 76

二、农村一二三产业融合的主要形态 ……………………… 77

三、农村一二三产业融合的理论探讨 ……………………… 79

四、农村一二三产业融合的典型模式 ……………………… 81

五、家庭农场是农村一二三产业融合发展的重要参与主体 … 83

六、发展家庭农场，促进农村一二三产业融合发展 ……… 83

第九章 家庭农场与农民工返乡就业 …………………………… 86

一、相关文献综述 ……………………………………………… 87

二、新时期农民工就业选择的新特征 ……………………… 89

三、差异性就业选择的原因分析 …………………………… 95

四、结论与对策 ………………………………………………… 98

第十章 家庭农场与农业高质量发展 …………………………… 101

一、农业高质量发展的背景与意义 ………………………… 101

二、相关文献回顾与评价 …………………………………… 102

三、湖北农业高质量发展的约束性因素 …………………… 105

四、湖北农业高质量发展的对策与建议 …………………… 107

第十一章　湖北家庭农场发展策略研究⋯⋯⋯⋯⋯⋯⋯⋯ 110

一、问题的提出⋯⋯⋯⋯⋯⋯⋯⋯ 110

二、创新背景与数据来源⋯⋯⋯⋯⋯⋯⋯⋯ 111

三、湖北家庭农场的发展机制与途径⋯⋯⋯⋯⋯⋯⋯⋯ 116

四、结论与政策启示⋯⋯⋯⋯⋯⋯⋯⋯ 121

第十二章　湖北家庭农场：现状、约束与发展思路

　　　　——基于湖北省 111 家示范农场的调查⋯⋯⋯⋯⋯⋯⋯ 123

一、湖北家庭农场发展总体情况⋯⋯⋯⋯⋯⋯⋯⋯ 123

二、湖北家庭农场发展约束⋯⋯⋯⋯⋯⋯⋯⋯ 123

三、湖北家庭农场发展思路建议⋯⋯⋯⋯⋯⋯⋯⋯ 125

附录一：家庭农场农产品品牌营销策略

　　　　——以湖北省襄阳市为例⋯⋯⋯⋯⋯⋯⋯⋯ 128

附录二：汉家刘氏茶品牌建设策略研究⋯⋯⋯⋯⋯⋯⋯⋯ 133

附录三：Optimization of Agricultural Economic System from the
　　　　Perspective of Whole Industry Chain ⋯⋯⋯⋯⋯⋯⋯ 137

附录四：农村一二三产业融合发展策略研究

　　　　——以湖北省宜昌市为例⋯⋯⋯⋯⋯⋯⋯⋯ 152

附录五：基于超循环经济的我国农业生态化发展研究⋯⋯⋯⋯⋯⋯ 157

附录六：关于家庭农场经营与发展的问卷调查⋯⋯⋯⋯⋯⋯⋯⋯ 166

附录七：Research on Logistics Analysis for Enterprise based on
　　　　Supply Chain Optimization ⋯⋯⋯⋯⋯⋯⋯⋯ 171

附录八：资源型农村产业转型升级研究

　　　　——以湖北省竹山县绿松石产业为例⋯⋯⋯⋯⋯⋯⋯⋯ 180

附录九：发展农业产业集群 推动襄阳农村城镇化建设 ⋯⋯⋯⋯⋯ 185

参考文献⋯⋯⋯⋯⋯⋯⋯⋯ 189

第一章　发展家庭农场的背景、意义

　　家庭农场是指以家庭成员为主要劳动力，从事农业规模化、集约化、商品化生产经营，并以农业收入为家庭主要收入来源的新型农业经营主体。发展家庭农场是提高农业集约化经营水平、解决城乡二元经济结构、促进农业一二三产业融合、乡村产业振兴的重要途径。本章以湖北省为例，探讨家庭农场是农业现代化的基本形式之一，认为应大力培育发展家庭农场，明确家庭农场认定标准、登记办法，制定专门的财政、税收、用地、金融、保险等扶持政策。

　　"民以食为天"，中国是一个拥有 13 亿人口的发展中农业大国。农业在中国历来被认为是安天下、稳民心的战略产业。湖北位于中国中部、长江中游，土地总面积 18.59 万平方公里。耕地面积 4803 万亩，其中水田占 60%，养殖水面 1100 万亩。湖北地处南北过渡地带，属亚热带季风气候，光照充足，雨量充沛，雨热同季，四季分明，适宜种养的动植物品种繁多，历来是全国重要的农产品商品基地。近年来，湖北省农业发展较为稳定，农产品产量有增有减，农业总产值全面增长，农业结构调整稳步推进，农民年人均纯收入逐年增加，农业机械化水平逐年提高，农业产业化龙头企业快速发展，农业发展质量稳步提高。

一、湖北农业发展概况[①]

（一）湖北农业发展的主要成效

　　近些年来，全省各地坚决贯彻执行中央和省关于加强农业农村工作的一系列方针政策，加快转变农业发展方式，积极推进农村改革创新，农业农村经济发展成效显著，为农业可持续发展奠定了良好基础。

　　1. 农业综合生产能力稳步提升

　　2015 年，粮食种植面积 446.6 万公顷，比 2014 年增加 9.57 万公顷，主

---

　　①　本部分援引自公开性文件：湖北省农业可持续发展规划（2016－2030 年）

要农产品产量稳定增长，粮食总产量 540.66 亿斤，增产 23.8 亿斤，实现"十二连增"；油菜总产量 258.6 万吨，淡水产品产量达到 455.89 万吨，连续 20 年保持全国第一位；茶叶、柑橘、蔬菜产量分别居全国第三位、第四位、第七位；肉类总产量居全国第六位，规模化万头猪场达到 652 个，居全国第一；食用菌、蜂蜜、鸡蛋、淡水小龙虾、河蟹等农产品出口位居全国前列。粮油、畜牧、水产、蔬菜等农产品生产较大幅度增长，较好地满足了城乡居民的多样化需求。

2. 绿色农业产业体系日趋完善

大力推广农业节肥、节药、节地、节能等农业清洁生产技术，实施畜禽养殖标准化四级示范创建、水产健康生态养殖工程及园艺作物标准化示范基地建设。截至 2015 年，全省推广应用测土配方施肥面积 9840 万亩次，主要农作物病虫害专业化统防统治覆盖率达到 38.2%，清洁能源入户数达到 417.28 万户，入户率 41.53%；全省生猪规模化（500 头以上）养殖比重达到 53.2%，标准化养殖比重达到 48.2%，全省"三沼"利用为纽带的生态循环农业模式辐射 1300 万亩，稻田综合种养面积 381 万亩，农业灌溉水利用系数由"十一五"末的 0.476 提升到 0.496；以丹江口库区、四湖流域和洞庭湖流域为重点区域，启动了国家级区域生态循环农业试点、洞庭湖流域畜禽水产养殖污染综合防治试点和典型流域农业面源污染综合治理试点，绿色农业产业体系逐步构建，区域农业生态环境显著改善。

3. 农业适度规模化产业化发展势头良好

家庭农场、合作社、种植大户、龙头企业等新型农业经营主体发展迅猛，已成为可持续农业发展的主力军。截至 2015 年底，全省耕地流转面积达到 1633 万亩，占全省常用耕地面积的 32.5%，各类新型农业经营主体数量达到 16.4 万家，经工商登记的农民合作社达 54975 个，家庭农场 14670 个，规模以上农产品加工企业达到 5250 家，占全省规模以上工业的 33%。"三品一标"品牌认证数量已达到 4386 个。

4. 农业与农村生态保护力度日益加大

全面推进"绿满荆楚"行动，实施天然林保护、退耕还林、湿地保护与恢复、湿地公园、农田防护林带、矿区植被恢复、石漠化综合治理、水土保持等一系列重大工程；开展农村环境综合整治、美丽宜居乡村建设、城乡一体化试点建设，创建"两清两减"示范基地、推进土壤污染修复试点、对重要生态功能区划定生态红线、健全农村生态环境保护长效机制等一系列工作；积极推进农村危房改造、农村沼气和农村饮水安全工程建设，加强传统文化保护，发展休闲农业，开展环保示范工程建设，农村人居环境逐步得到改善；全省自然保护区达到 69 个，农田、森林、草地、湖泊生态系统保护与建设持续加强。

5. 农村居民收入持续增长

农民收入持续较快增长，增速连续 5 年高于全国平均水平、领跑中部 6 省，增速连续 5 年超过同期城镇居民收入增长水平。2015 年，湖北省农村常住居民人均可支配收入达到 11844 元，比 2014 年增长 9.17％，比城镇常住居民人均可支配收入增速高 0.4 个百分点，增速高于全国农村平均水平 0.3 个百分点，增幅高出 0.27 个百分点，超过全国平均水平 422 元。2015 年，城乡常住居民人均可支配收入之比 2.28∶1，比值比 2014 年缩小 0.01。

（二）湖北农业发展面临的挑战

在成绩的背后，湖北农业发展仍然面临着一系列挑战。其主要是农业资源过度开发、农业投入品过量使用、农业废弃物资源浪费以及农业内外源污染相互叠加等带来的一系列问题日益凸显，农业资源环境面临着刚性排放及旧账偿还的双重压力，资源硬约束日益加剧，农业环境突出问题逐年显现，农业可持续发展面临重大挑战。

1. 农业资源硬约束日益加剧，保障粮食等主要农产品供给的任务更加艰巨

2015 年，全省常用耕地面积 5154.4 万亩，人均占地不到 1 亩，农业灌溉水利用系数比发达国家平均水平低 0.2，人多地少、结构性缺水是湖北省基本省情。新城镇建设及大规模土地整理导致土壤耕作层破坏严重，耕地质量下降、土壤酸化、耕作层变浅等问题凸显，占补平衡补充耕地质量不高，守住耕地红线的压力越来越大。耕地年均复种指数已达 2.78，面对粮食等主要农产品需求的刚性增长，水土资源越绷越紧，确保主要农产品有效供给与资源约束的矛盾日益尖锐。

2. 农业环境污染问题突出，确保农产品质量安全的任务更加艰巨

工业"三废"和城市生活等外源污染向农业农村扩散，镉、汞、砷等重金属不断向农产品产地环境渗透。农业内源性污染严重，化肥和农药利用率、农膜回收率、畜禽粪污有效处理率不高，秸秆资源浪费现象严重。2015 年，全省农业源 COD 排放量为 44.81 万吨，农业源氨氮排放量 4.38 万吨；全省播种面积亩均化肥用量 26.8 公斤，比全国亩均用量多 4.9 公斤；全省秸秆产出量 3800 万吨，资源化利用率不到 80％；全省有机肥资源总养分约 150 万吨，实际利用不足 40％，其中，畜禽粪便养分还田率仅为 50％左右。农村垃圾、污水处理严重不足。农业农村环境污染加重的态势，直接影响了农产品质量安全。

3. 农业生态系统退化严重，农业生态功能恢复与建设任务更加艰巨

高强度、粗放式生产方式导致农田生态系统结构失衡、功能退化，农林复合生态系统亟待建立。湖泊、湿地面积萎缩，生态服务功能弱化。生物多样性受到严重威胁，濒危物种增多。气候变化带来的高温热害、暴雨洪涝、臭氧浓度增加等负面效应，加大农业持续发展的不稳定性。

4. 体制机制尚不健全，构建农业可持续发展制度体系的任务更加艰巨

由于农业资源环境管理体制机制尚未建立，有利于资源节约、环境保护的农产品价格体系尚未形成，基于土地资源承载力的农业产业结构和布局、生产总量和农业投入品总量控制的农业发展理念处于"初级"期间，农业资源市场化配置机制还不成熟，循环农业发展激励机制不完善，种养业发展不协调，农业废弃物资源化利用率较低，农业污染责任主体不明确，监管机制缺失，污染成本过低，山水林田湖等缺乏统一保护和修复，制约了农业资源合理利用和生态环境保护。

（三）湖北农业发展机遇

习近平总书记指出，当前和今后相当长一个时期，要把修复长江生态环境摆在压倒性位置，共抓大保护，不搞大开发。要把实施重大生态修复工程作为推动长江经济带发展项目的优先选项。党的十八大将生态文明建设纳入"五位一体"的总体布局，为农业可持续发展指明了方向。国务院办公厅印发了《关于加快转变农业发展方式的意见》（国办发〔2015〕59号）。全社会对资源安全、生态安全和农产品质量安全高度关注，绿色发展、循环发展、低碳发展理念深入人心，为农业可持续发展凝聚了社会共识。

国务院 2013 年 11 月印发了《畜禽规模养殖污染防治条例》（国务院第 643 号），农业部相继出台了《农业环境突出问题治理总体规划（2014－2018年）》《全国农业可持续发展规划（2015－2030年）》《农业部关于打好农业面源污染防治攻坚战的实施意见》（农科教发〔2015〕1号）等一系列规划和文件，对开展农业可持续发展的相关工作进行了全面部署。开展农业可持续发展试点示范、农业面源污染治理、生态循环农业示范，恢复彰显农业生态功能，研究配套法规与政策，已成为农业转型升级和体制改革的"主战场"，也将是国家今后一个时期农业的重点工作和重点投资方向。

湖北省委、省政府高度重视农业可持续发展，已出台《关于农作物秸秆露天禁烧和综合利用的决定》《湖北省水污染防治条例》《湖北省土壤污染防治条例》《湖北省湖泊保护条例》《湖北省畜牧条例》《湖北省农业生态环境保护条例》等地方性系列法规，随着农村改革和生态文明体制改革稳步推进，支撑农业可持续发展的法律与制度体系将不断健全完善。

现代生物技术、信息技术、新材料和先进装备等日新月异、广泛应用，生态农业、循环农业等技术模式不断集成创新，技术、人才资源优势突出，政策面得到不断扶持，湖北省现在农业发展拥有坚固的支撑。

二、湖北农业的发展方向：现代农业

（一）现代农业的内涵

传统农业以小生产为特征，规模较小，商品率低、科技含量少，即人们常说的"小农经济"。现代农业是在现代工业和现代科学技术基础上发展起来的农业。现代农业萌发于资本主义工业化时期，是在第二次世界大战以后才形成的发达农业。现代农业则是以资本高投入为基础，以工业化生产手段和先进科学技术为支撑，与社会化的服务体系相配套，用科学的经营管理理念来管理的农业形态。现代农业有以下几大特征[①]：

其一，现代农业是一种"大农业"。它不仅包括传统农业的种植业、林业、畜牧业和水产业等，还包括产前的农业机械、农药、化肥、水利和地膜，产后的加工、储藏、运输、营销以及进出口贸易等，现代农业贯穿了产前、产中、产后三个领域，成为一个与发展农业相关、为发展农业服务的庞大产业群体。

其二，现代农业依赖高科技的投入。传统农业主要依赖资源的投入，而现代农业则日益依赖不断发展的新技术的投入，包括生物技术、信息技术、耕作技术、节水灌溉技术等农业高新技术。新技术的作用，使现代农业的增长方式由单纯地依靠资源，转移到主要依靠提高资源利用率和可持续发展能力的方向上来。

其三，现代农业使农业生产走上了区域化、专业化的道路，由自然经济变为高度发达的商品经济，成为商品化、社会化的农业。

其四，现代农业是一种多功能发展的农业。随着经济的发展和人们生活水平的提高，现代农业已不仅仅局限于传统农业的农产品供给功能，开始承担起生活休闲、生态保护、旅游度假、文化传承、教育等功能，由此也形成了生态保护农业、休闲观光农业、循环农业、服务型农业等多种新型农业形态。

上述四个方面，都属于传统农业向现代农业转型过程的一种变革，而这种

① 周琳. 发展现代农业与农民素质培养［J］. 湖北社会科学，2008（9）：90～92.

变革，也就是现代性生产要素（资金、技术、人才、市场等）向农村地区的延伸并真正发挥其效用。

（二）现代农业对农业主体的要求①

1. 现代农业对农业主体的质量要求越来越高

现代农业的技术特征和经营方式，决定了它对农业主体——农民的质量的要求越来越高。农民是农业的基础和核心生产要素。在传统农业向现代农业转型过程中，农业的产业链越来越长、分工越来越细、专业性越来越强、科技含量越来越高，促使传统农民越来越多地从原来单一的农业生产过程中分化出来，进入农业产业链的不同环节以及新兴的涉农经济部门，从事更加精细、专业的工作，这就要求农民具备较高的文化水平和学习能力，掌握现代农业科技知识和专业技能，能够操作使用先进的农业机械设备，并了解市场信息，善于经营管理。

另外，改造传统农业的根本出路是引进现代农业生产要素，现代要素的引进和运用的关键也在于劳动力素质的高低，可以说现代农业是以人力资本投入增长和劳动者素质提高为条件的，现代农业是和高素质的农业主体相联系的。以湖北为例，第三次农业普查显示，湖北农业生产经营人员受教育程度构成方面，大专及以上湖北仅占比 0.8％，与全国平均数据 1.2％相比有较大差距。规模农业经营户农业生产经营人员占比为 1.2％，也小于全国 1.5％的平均数据，农业生产经营人员缺乏先进农业生产技术和经营管理理念，阻碍了新型农业经营主体的快速发展。对比美国，早在 1994 年，农场主具有大学文化程度的占 36.1％，高中文化程度的占 44.1％，在 25 岁以上的农场人口中，具有大学文化程度的占 43.7％，高中文化程度的占 41.7％。

2. 现代农业对主体的组织化程度要求越来越高

农业组织化发展指农业这个复杂系统通过一定体系，按照一定方式，定向发展。实践证明，农业需要转变发展方式，农业经营主体需要组织化构建。实现农业组织化发展，提高农业组织化程度是我国农业发展到现阶段的一次体制和制度变革，是农业生产力进一步提高的方向性选择，对推动农业发展方式转变、加快现代农业建设、实现城乡一体化发展，提高城乡人民生活水平，全面建成小康社会具有深远意义和重要作用。②

从现代农业的制度特征和面临的市场状况看，现代农业对主体的组织化程

---

① 周琳. 发展现代农业与农民素质培养 [J]. 湖北社会科学，2008 (9)：90～92.

② 张磊. 我国农业组织化发展路径研究 [J]. 经济纵横，2014 (10)：51.

度要求越来越高，专业化分工要求越来越细。现代农业是商业化农业，这表现为农业中交易关系的不断深化。传统农业中也有交易活动，但交易活动并没有成为农业生产者普遍从事的基本经济活动，用于交易的产品也只是农业生产者自给自足之后的剩余，农业劳动成果的商品化率不高。现代农业中，商业化因素日益提高而自给自足成分逐渐减少，农产品的商品化率不断提高。另外，农业的产业化经营使得贸工农一体化，产业链条加长。加上复杂多变的国内外市场，这就要求农业主体不能单独去面对市场，而应该加强组织化程度和专业分工。在传统农业中，农民既是生产者，又是经营者，也是管理者。但在现代农业中，农业主体的角色分工应该更加明确。技术人员与管理人员分开，生产者与销售者分开，即围绕农业生产形成多层次的农业主体。

目前，我国农业产业化程度不高、新型经营主体规模偏小、科技创新能力较弱、融资问题仍然没有破题以及体制机制不完善等问题普遍存在，制约农业组织化发展。[①]

三、湖北现代农业的基本形式之一：家庭农场

(一) 背景：二元经济结构和家庭联产承包责任制

湖北推进家庭农场的发展基于两大背景，一是客观存在的二元经济结构，二是家庭联产承包责任制出现的制度递减效应。当前制约我国经济发展的一个重要问题是城乡分割的二元经济结构，其突出表现为农村人口比重大，城市化水平低；农业与非农业产值和就业结构偏差过大；城乡居民收入和消费水平差距大。推进二元经济结构转换不仅对于解决长期制约中国经济发展的"三农问题"具有十分重要的意义，而且可以缓解目前经济运行中的有效需求不足、就业压力等问题。另外，在经过 30 余年的发展后，农户以家庭为单位向集体组织承包土地等生产资料和生产任务的家庭联产承包责任制，由于生产成本高、规模效益得不到体现、土地利用集约化水平低下等缺陷问题日渐突出，已不能适应现阶段农业生产发展的要求，体现出制度递减效应。

党的十八大以及 2013—2018 年连续 6 年中央 1 号文件都明确提出要加快构建新型农业经营体系，坚持农民家庭经营主体地位，引导土地经营权规

---

① 张磊. 我国农业组织化发展路径研究 [J]. 经济纵横，2014 (10)：52.

范有序流转，创新土地流转和规模经营方式，积极发展多种形式适度规模经营，提高农民组织化程度。十八届三中全会强调，必须健全体制机制，形成以工促农、以城带乡、工农互惠、城乡一体的新型工农城乡关系，让广大农民平等参与现代化进程、共同分享现代化成果。其中，2013 年 1 号文件首次提出家庭农场，随后农业部等相关部门相继发布文件规范促进家庭农场的发展。

有效解决农业最优规模经营问题必将对解决我国二元经济转换、推进农业现代化发展进程起到举足轻重的作用，家庭农场将是解决农业最优规模经营问题的一个重要的发展方向。但在理论和实践两个方面，目前并没有统一的看法和认识。基于以上阐述，本书以家庭农场内生动力、机制与途径创新为切入点，对湖北省家庭农场现状、问题与对策进行研究。其中，以家庭农场产业经营模式创新和政府扶持机制创新为主要研究目标，并细化出对中国式家庭农场形成机制、家庭农场的最优规模和决定因素、土地流转与家庭农场的关系、农村金融产品支持以及家庭农场运作绩效影响因素等五个方面的创新研究。

（二）家庭农场研究现状与评价

在美国、英国、法国、德国、日本等农业较发达的国家，家庭农场已成为现代农业经营的基本形式。美国农业的成功既与其得天独厚的农业资源因素，更与其组织结构和经营机制有关。而家庭农场是美国农业重要的经营组织形式，为美国农业的发展，并且成为全球粮食生产和出口大国做出了巨大的贡献。英国是世界上最早兴办家庭农场的国家之一。早在 16 世纪英国农民就以土地租赁的方式办起了大量的家庭农场，土地租赁经营在英国新办家庭农场过程中发挥了重要的作用。法国的家庭农场在二战后发展呈现出经营的规模化、生产的专业化和组织形式的多样化等特点，政府在其发展过程中发挥了重要的作用。德国在家庭农场形成过程中通过实行土地整理措施、明晰的土地产权制度、政府政策资金的强力支持以及完善的农业教育体制等，使德国家庭农场成为世界公认的家庭农场的典范。日本随着 20 世纪 60 年代经济的高速增长，工业化、城市化的快速推进，为解决城乡收入差距扩大，农民兼业化、农业劳动高龄化、农地抛荒等现象，放弃了平均地权政策，转而开始鼓励扩大土地经营规模，致力于耕地的流转和农户经营规模的扩大。20 世纪 70 年代日本开始推行所有权和使用权的分离。连续出台有关农地改革与调整的法律法规，鼓励农田的租赁和作业委托等形式的协作生产，以避开土地集中的困难和分散的土地占有给农业发展带来的障碍因素，这种以租赁为主要方式的规模经营战略获得了成功。以上农业较发达的国家发展家庭农场的历程表明：家庭是适合农业生产的经营主体，家庭经营的规模与经济发展的水平和工业化、城市化的进程密切相关，家庭农场已成为现代农业的重要内容之一，土地问题是家庭农场的核心要素。

国外对家庭农场发展的研究，主要集中在规模经济和农业规模经营基础理论方面。起源于古典经济学家关于土地报酬递减的研究。最早是威廉·配第在他的《政治算术》中就提出了"报酬递减"思想。之后亚当·斯密研究发现在农业的发展过程中存在报酬递减的现象，据此提出了一个提高农业劳动生产率的办法，即实行规模收益和分工。阿林·杨格在《报酬递增与经济进步》报告中，第一次论证了市场规模与迂回生产、产业间分工相互作用和自我演进的机制。此后，学者们应用数理统计分析方法进行深入研究，试图分析农场发展的规模、途径、发展方式等。发展经济学家格里芬（Griffm）指出农民人均产出随着农业规模增大而增加。克拉夫和马伯格通过研究美国农业发现，家庭农场便于使用大型机械设备，是美国社会和政治安定的要素之一，经济意义及象征意义兼而有之。英国历史学家艾瑞克·霍布斯鲍姆曾指出："资本主义农业主要有两种模式，列宁称它们为'普鲁士模式'和'美国模式'——一个是资本主义的地主企业家经营的大农场，雇佣劳工；另一个是独立农场主经营的规模大小不等的农场，他们以销售为目的，必要时也雇工，只是雇佣的人数少得多。两种模式都包含市场经济成分。"科尼亚（Cronia）对不同规模的农场中各种农业投入和土地产出之间的关系进行了比较研究，发现农场规模与农业投入和每公顷产量成反比。Rob J. F. Burtonetal（2005）提出农业产业化的主要标志之一就是家庭农场规模的扩大，农场兼并的结果会形成更有经济效率的单元。Robert Napier（2005）提出，农业产业体系正在发生重大变革，家庭农场要想在新体系中生存下去的唯一途径是寻找新的途径努力开发人的能力。S. Dogliottietal（2006）认为，农场的发展方式取决于资源禀赋和农户战略，模式探索应该能体现资源禀赋和战略的变化，以对农场经营产生重要影响。

国内学者对家庭农场的研究，主要集中在四个方面。

第一，概念和内涵研究。黎东升等（2000）认为，家庭农场是"以农户家庭为基本组织单位，面向市场，从事适度规模的农、林、牧、渔生产、加工和销售，以利润最大化为目标，实行自主经营、自我积累、自我发展、自负盈亏的企业化经济实体"。姚麒麟等（2009）将适度规模引入了家庭农场的内涵中。李学兰（2010）从产权制度界定家庭农场，认为其最典型的特点是产品进入市场进行交换而不是自然经济条件下的自给自足，因此是专业化、商品化、社会化程度很高的企业。

第二，家庭农场的优势研究。黎东升等（2000）认为，家庭农场会转变成具有法人地位的企业，有助于建立和完善农业现代企业制度。印堃华（2001）指出，家庭农场为我国农业产业结构的优化调整创造了条件。朱学新（2006）认为，在稳定家庭承包经营的同时，家庭农场模式可以优化农业资源配置，实现农村生产力水平的第二次飞跃。黄延廷（2010）认为，家庭农场是实现农业适度规模经营的有效途径。李学兰等（2010）提出建立和发展家庭农场制度有利于转变农业增长方式，实现建设现代农业的目标。李雅莉（2011）从农业技术应用与农业生产规模关系、家庭农场经营比雇工农场经营更有效率、农业生产规模与农业产出效率关系、家庭农场经营易于制定、执行较为严密的年度生产经营计划等几个方面对家庭农场的生产优势作了全面而深入的分析。

第三，发展家庭农场应具备的条件研究。张敬瑞（2003）认为，发展家庭农场应采取以下有效措施：一是建立农村土地承包经营权流转机制；二是要加快农村剩余劳动力的转移；三是要加快农村社会保障体系建设；四是要大力发展农村中介组织和各种服务组织；五是要提高我国农民的综合素质。关付新（2005）认为，发展家庭农场的政策措施应从以下几个方面着手：一是要制订和执行按市场规律流转的农村土地产权制度；二是要创新农村金融服务；三是要建立促进农业技术发展和创新的有效制度；四是要注重对农场主经营能力的培养；五是要支持农村合作组织的成长和发展。许莹（2006）认为，建立和发展家庭农场需要具备四个条件：土地使用权能够合理流动且相对集中、政府相应政策的扶持、社会化服务必须跟上和消除思想疑虑。董亚珍（2009）指出，中国在发展家庭农场时应注意完善以下几项工作：一是建立信息平台；二是提高农民科技文化素质；三是实施相关扶持政策鼓励发展家庭农场。李学兰（2010）认为，构建家庭农场组织制度的建议应该包括以下几个方面：一是要加速地权整合；二是出台相关政策以推动家庭农场的发展；三是要健全农村社会化服务体系；四是要大力发展农村职业教育；五是要促进农民的有效转移，为家庭农场的发展让出"土地"。

第四家庭农场"适度规模"经营研究。杨成林（2013）认为，经营规模是制约某种生产方式发挥作用的重要因素，存在着一个临界或最优经营规模的区间，土地的产权制度是根本的制约因素。刘爽等（2014）从新制度经济学视角出发，认为家庭农场经营体制能产生经济当事人在现行农业经营体制下安排下无法获得的外部利润，但家庭农场经营体制发展中存在的限制和不足又可能导致效率损失。苏昕等人（2014）认为，以适度规模、劳动力充分就业、商业化和现代化经营为基本特点，有利于促进提高农业劳动生产率和增加农民收入。郭熙保（2015）运用经济学均衡理论对发达国家家庭农场规模变化的决定因素进行了考察，结果表明经济发展水平、技术进步、制造业—农业工资比及劳动—资本价格比的提高是家庭农场规模不断扩大的主要决定因素。经济发展程度是各国家庭农场规模扩大的基础条件；制造业工资高于农业工资是农村劳动力转移的驱动力，而农村劳动力转移是家庭农场规模扩大的前提条件；技术进步成为家庭农场规模不断扩大的有效手段。

　　国内外学者对家庭农场发展的研究、探索，为我们提供了一定的经验基础和积极的参考价值。但是，这些研究都有其特定的假设前提和实现环境。国外的研究，主要是集中在基础理论方面，较少涉及定量分析和实证研究，原因在于当时环境下单一地区典型样本存在稀少、相关统计资料获取困难。国内的研究始于 20 世纪 80 年代后期，近年来研究范围得到进一步扩大或者细化，如有些研究集中在家庭农场运作绩效的主要影响因素方面。随着国内家庭农场的进一步发展和典型样本的涌现，将会出现较多的实证研究。但国内的研究基础理论方面过多集中于优势、条件和规模方面，实证方面样本过于狭隘或具体，代表性不够，特别是涉及家庭农场经营、发展模式创新方面，尤显不足。鉴于此，本书在对湖北省家庭农场的发展现状进行深入调研的基础上，结合前人的研究成果，从机制与途径创新视觉提出促进湖北家庭农场发展的理论性建议。

四、研究方案

（一）研究内容

　　本书以湖北省家庭农场的发展为研究主题。以家庭农场内生动力、机制与途径创新为切入点，对湖北省家庭农场现状、问题与对策进行研究，其中以家庭农场产业经营模式创新和政府扶持机制创新为核心目的，衍生出中国式家庭农场形成机制、家庭农场的最优规模和决定因素、土地流转与家庭农场的关系、农村金融产品支持，以及家庭农场运作绩效影响因素等五个方面的创新研究。

　　第一章：发展家庭农场的背景与意义

　　第二章：我国土地制度的演变和家庭联产承包责任制的递减效应

　　第三章：家庭农场的经济基本理论（资产专用性、交易成本与规模经济理论）

　　第四章：家庭农场与农业适度规模经营

第五章：家庭农场土地流转

第六章：家庭农场与现代农业新业态

第七章：家庭农场与农业全产业链

第八章：家庭农场与农村一二三产业融合发展

第九章：家庭农场与农民工返乡就业

第十章：家庭农场与农业高质量发展

第十一章：湖北家庭农场发展策略研究

第十二章：湖北家庭农场：现状、约束与发展思路

（二）研究方法与技术路线

本书主要采用了以下四种研究方法。

1. 文献研究法

在已有相关研究的基础上进行整理分析，利用各种数据库资源和统计年鉴、书籍、期刊，查阅国内外有关家庭农场的文献资料，以期获得家庭农场研究动态和相关理论基础及发展经验。

2. 比较研究法

分析国内学者对发展家庭农场问题的研究和探讨所处的从不同角度，通过比较国内外家庭农场的规模及各种促进或制约条件，以期探讨湖北地区发展家庭农场的各方面条件。

3. 问卷调查法

以湖北省家庭农场为具体研究对象，选取湖北部分典型县市为调研区域，分析总结范围内家庭农场的发展现状、发展成效，以期详细了解湖北家庭农场发展的现状及家庭农场经营主体的需求，发现制约家庭农场发展的因素并提出对策思路。

4. 统计分析法

运用相关程序对问卷收集的统计数据进行数据分析处理，总结归纳出湖北家庭农场的数量结构、经营主体的群体特征、经营规模大小以及经营模式等。同时定量分析并确定影响家庭农场经营发展的因素，在土地、劳动力、资金、技术等方面对家庭农场经营的合理性进行定性分析。

研究思路如下：

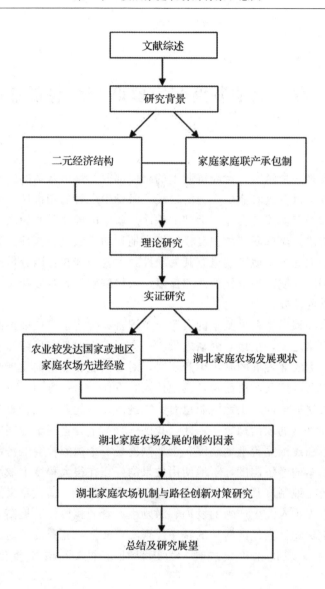

第二章　土地制度与家庭联产承包责任制

　　土地制度是一个国家社会经济制度的组成部分，是最基本的经济制度。良好的土地制度可以促进农业生产力的发展、激励生产者的积极性、提高土地资源利用效率和约束保障社会经济活动的秩序。新中国成立后我国农村土地制度可分为四个阶段。家庭联产承包责任制极大地调动了农民积极性、解决了农民的温饱问题，但这种土地制度也有其局限性，主要表现在：因分散经营导致经营规模过小问题、缺乏规范化的法律保障、农村基础设施难以建设、不能适应市场经济发展的需要。

　　土地是人类赖以生存最基本的资源。英国古典经济学家威廉·配第曾经说过：劳动是财富之父，土地是财富之母。一方面，土地具有保障和发展的基本功能，土地作为农业发展的基本生产资料，对我国农业经济的发展起到了支柱性的作用，对我国广大农民而言，其地位尤其重要。另一方面，土地问题关系到我国经济发展的全局，土地资源也对我国经济发展起着举足轻重的作用，继而影响到我国基本的政治稳定。因此，我国一直都十分重视土地问题和土地制度，并且一直在逐渐完善土地制度。土地制度是一个国家社会经济制度的组成部分，是最基本的经济制度，土地使用效果的好坏在很大程度上取决于土地制度，因此完善土地制度具有充分的实践意义和现实意义。实践意义上，良好的土地制度可以促进农业生产力的发展、激励生产者的积极性、提高土地资源利用效率和约束保障社会经济活动的秩序。现实意义上，完善的土地制度可以加快我国社会主义现代化建设进程，为建设社会主义和谐社会奠定坚实的基础。[①]

　　本章主要聚焦新中国成立以来我国土地制度的演变历程，以及家庭联产承包责任制的制度影响及递减效应。

---

　　① 曲晗. 新中国成立后我国农村土地制度的演变研究［D］. 长春理工大学，2011.

一、新中国成立后我国农村土地制度的演变研究[①]

新中国成立后我国农村土地制度可分为以下几个时期：新中国成立初的土地制度（1950－1953）、农村合作化及人民公社时期（1953－1978）、家庭联产承包责任制时期（1978－21世纪初）、土地流转创新时期（2005年－至今）。

（一）新中国成立初的土地制度（1950－1953）

新中国成立前的半殖民地、半封建社会的旧中国农村土地基本上被地主所占有，新中国成立前，农民占有的土地也不到30％，这种封建土地所有制严重阻碍了生产力的发展。新中国成立后，政府于1950年根据当时农村土地的具体情况制定了《土地改革法》，废除了几千年的封建土地所有制和土地剥削，将没收的地主土地分给农民，即实行农民土地所有制，从而极大地调动了广大农民的积极性，解放和提高了农村生产力，促进了我国农业的发展。至1952年年底，全国土地改革基本完成，土地由剥削阶级所有转为归农民所有，实现了"耕者有其田"的目标，我国农业经济实力有了大幅提高。如1952年与1949年比，农业总产值、粮食总产量、棉花总产量和油料总产量分别增长了53.4％、44.8％、193.4％和63.6％。[②]通过土地制度和其他相应制度的改革，当时相对合理的农业制度基本形成，为我国的经济发展奠定了坚实的基础。

（二）农村合作化及人民公社时期（1953－1978）

虽然新中国成立初期的土地改革使得农村的生产力从封建剥削制度中解放出来，使得我国农业迅速恢复和发展，但是土改之后的农村仍然以小生产者、小生产规模、工具落后、资金缺乏、劳动效率低等特征为主，生产方式也以简单的再生产为主，遇到自然灾害，更是无力抵御。个体农民仍然十分贫穷，这种分散落后的方式仅能勉强维持生产，不利于发展大规模农田建设和生产规模，多种经营方式的发展也十分困难，分散的个体小农经济远远不能满足国家对粮食和原料的需求。此时，一些老解放区的许多地方建立了生产互助的合作组织，不仅帮助个体户克服了种种困难、增加了生产、改善了生活条件，还能进一步引导农民向社会主义方向发展，防止租佃关系、雇工剥削等农村两极化

---

① 石传刚. 中国农业产业化经营与家庭联产承包责任制 [J]. 贵州省党校学报，2007（2）：39~41.

② 朱炳祥，吴继红. 土地制度与土地文化 [M]. 北京：民族出版社，2006：302.

的出现。因此，在当时的社会环境下，在农村又掀起了农业合作化运动，农民个体所有制改造向社会主义集体所有制转化。

土改以后的农业合作化运动可以进一步分为两个阶段：初级农业合作化阶段、高级合作社和人民公社化阶段。

1. 初级农业合作化阶段

农业合作化经历了由低级向高级发展的阶段，经历了互助组、初级社、高级社三个阶段，最终将以生产资料私有制为基础的个体农业经济发展成为以生产资料公有制为基础的农业合作经济。在互助组的基础上，1954－1955 年，初级社在全国发展迅速。仅在 1954 上半年，全国初级社的数量和参加初级社的农户数量分别达到 9.5 万个和 170 余万户，逐渐将社会主义革命推向高潮，至 1954 下半年，又新增 13 万多个初级社，至此全国初级社的数量已近 23 万个。至 1955 上半年，在国家各种方针政策的鼓励下，初级合作社的数量逼近 70 万个。

由于发展速度过快，只重数量不重质量，因此全国大量的农业合作社的发展状况存在不同程度的问题，很多合作社的个体成员是被强迫加入的，个体成员之间也存在诸多矛盾，造成了许多不和谐的局面。在此背景下，大家都迫切希望建立高劳动生产效率、真正意义的高级农村合作社。

2. 高级合作社和人民公社化阶段

高级合作社主要集中在 1995 年至 1958 年，在毛主席提出的"停、缩、发"三字方针下，全国各地根据实际情况，停止合作社的发展、收缩合作社的数量和适当发展合作社的数量，总结以往各地农村合作社的发展经验，吸取教训，并提出新的发展要求，布置新的发展工作。在中共中央政治局公布的《1956 年到 1957 年全国农业发展纲要草案》的要求下，自 1955 年秋开始，全国各地开始大量合并初级社，向高级合作社发展。1956 年 12 月，全国共建高级社 54 万个，入社农民占总农户比重为 87.8%，到 1957 年，全国共建了 74 万个高级社，1958 年又合并成 2.6 万个人民公社。仅仅一年多的时间，全国基本上完成了初级社向高级社转化的过程。在高级社中取消了按土地和农具入社分红制，出现了"一大二公"，农民的土地私有制又被改为合作社性质的劳动群众集体所有制。高级社转化完成之后，又提出了"迈进共产主义"的口号，开始推行人民公社，以期建立更大型的、覆盖面积更广的农业生产形式，加速农业发展。人民公社化具体的标准是"一大二公、政社合一、组织军事化、生产战斗化、生活集体化、公共食堂"，而达到了这些标准后，准"共产主义"制度就在中国农村建立起来。由于忽略了农业发展的制约因素和经济规律，1958 年开始的三年自然灾害使得农业生产遭受巨大冲击，导致产品供应不足、社会秩序混乱。最终 1959 年的庐山会议开始由纠"左"改为批"右"，反"右倾"的运动在全国开展，人民公社化运动也因此而停止。1962 年 9 月开始，《农村人民公社工作条例修正草案》明确了"三级所有、队为基础"的新政策，允许农民实行包工包产，农村的土地归生产队所有，由生产队进行经营、管理和分配，该政策直到 1979 年农村改革才停止。

总体来说，人民公社是农业合作化的一个重要的阶段，对我国农业的发展起到了积极的作用，用很短的时间完成了我国社会主义农业的改造，使我国农业由私有制向公有制转变，一定意义上促进了农业生产力的提高，促进了我国经济的发展。但是在后期由于为了追求数量和发展速度，合作社的发展工作过于程序化，而且很多农户是被强迫加入合作社的，因而在一定程度上影响了农民的劳动积极性，阻碍了农业生产的发展，给以后农业的发展留下了不少的问题，而且损害了社会主义建设。

（三）家庭联产承包责任制阶段（1978 年—21 世纪初）

1978 年，安徽凤阳县小岗村率先根据当时村里的具体情况采取了包产到户的家庭联产承包责任制，该制度提高了小岗村的农业生产效率、促进了农业生产力的发展。之后全国各地陆续有许多地方采用了家庭联产承包责任制。1982 年 1 月中共中央批转的《全国农村工作会议纪要》正式承认了家庭联产承包责任制。家庭联产承包责任制具体内容是：农村土地集体所有、家庭承包、统分结合、双层经营。家庭联产承包责任制的特点如下：

第一，土地产权分为所有权和经营权，所有权仍归集体所有，农户享有土地的使用权。农户自主经营，缴纳承包费，获得经济收益，这样集体和农户都可以获得经济收益。

第二，家庭联产承包责任制实行双层经营体制，集体经济组织负责承包合同履行的监督，公共设施的统一安排、使用和调度、土地调整和分配，而农户独立经营并获得收益，从而形成了一套有统有分、统分结合的双层经营体制。

第三，收益分配不再按照农业合作社时的工分制进行分配，而是按照自己劳动的多少进行分配，初步确立了按劳分配的原则。

为保障农民的土地经营权，1982 年 12 月 4 日第五届全国人民代表大会第五次会议通过的《中华人民共和国宪法》规定："农村和城市郊区的土地，除由法律规定属于国家所有的以外，属于集体所有；宅基地和自留地、自留山也属于集体所有。"1984 年中央颁布了《中共中央关于 1984 年农村工作的通知》，确立了农村土地承包经营制度，意味着中国土地制度进入了一个新的时期。该通知规定："土地承包经营期为 15 年，林地和草地的承包期更长，而且在承包期到期后还可以续包。"1986 年 6 月通过的《中华人民共和国土地管理法》进一步规定："集体所有的土地按照法律规定属于村民集体所有，由村农业生产合作社等农业集体经济组织或村民委员会经营、管理。已经属于乡（镇）农民集体经济组织所有的，可以属于乡（镇）农民集体经济组织所有。村农民集体所有的土地已经分别属于村内两个以上农业集体经济组织所有的，可以属于各该农业集体经济组织的农民集体所有。"虽然这种土地制度并未改变土地的集体所有制性质，只是将土地的所有权、经营权分开了，但在当时极大地调动了农民积极性、解决了农民的温饱问题，取得了很大成就。1993 年11 月颁布的《中共中央、国务院关于当前农业和农村经济发展若干政策措施》进一步指出：我国要长期坚持，并不断完善以家庭联产承包为主的责任制和统分结合的双层经营体制，并把它作为中国农村经济的一项基本制度，土地承包期也由 15 年不变改为 30 年不变。1998 年十五届中央委员会第三次全体会议通过《中共中央关于农业和农村工作若干重大问题的决定》，该决定指出要进一步调动农民的生产积极性，充分给予农民自主经营权。2003 年又颁布了《中华人民共和国农村土地承包法》，不仅保障了农民对土地的使用权，还极大地促进了经济效益的增长和增强了农民的信心，并提高了农民收入和生活水平。农村承包土地制度的优越性主要体现在：

第一，承包期到期后，农民仍然可以续包，长期享有对土地的使用权，且取消了农业承包费，这些政策不仅可以提高农民的生产积极性和生产效率，还能稳定社会秩序、降低政治风险和社会不确定性。

第二，农村承包土地制度具有较高的独立性，国家不能干涉农户对土地的使用、收益和分配，不能改变土地承包的期限，不能干预农地流转时的土地价格等，但可以通过税收等手段引导调节个体户的经营行为。

第三，农地承包制度有效地解决了村集体和农户之间对土地的权利义务不明的问题，而且能够使土地利益得到合理的分配。

第四，农地承包制度完善了我国的农地流转制度，农户的土地可以转让或转卖给本集体内部成员或集体外部成员，这些政策可以促进资源的合理分配和合理流动，促进农业规模化发展。农民对土地的使用权就是保护农民权利的最坚实的法律保障。

（四）土地流转创新阶段（2005年至今）①

虽然改革开放以来农民有稳定的土地经营权，但是随着农业人口大量转移进城，农村就有大量土地闲置下来，农民可以通过土地流转的方式处理土地，获得一部分利益。随着城镇化的发展，农民也不断向城镇的第二产业和第三产业转移，也造就了一部分农村土地流转。随着市场经济的不断发展，小农耕作、小块土地生产种植的模式已经不适应集约化的发展，农民需要面积更大的土地来耕作，这也进一步促进了土地流转。根据现阶段的国情，为了顺应时代的发展和最广大人民群众的更大利益，我国农业发展必须尽快进行农业结构调整来保障土地流转的顺利进行。近年来，我国人均耕地面积在逐年减少，农业家庭规模经营也越来越小，并且以往分散的经营模式也会阻碍农业总体的发展，农业的缓慢发展极大地降低了农民的收入水平。因此，加快建立完善的土地流转制度和集中经营是未来农地发展的趋势。

农村土地承包经营权流转有多种方式，但目前我国农村存在的主要流转方式包括转包、出租、借用、互换、转让、入股等。转包是在农民集体经济组织内部发生的土地经营权转让的一种流转方式，简单地说就是一个农户把自己的土地租赁给另一农户进行耕种经营。受转包人可以向转包人支付一定的费用来享受土地的使用权，通过自己的经营来获得利益，并且这种转包仅需要向村集体备案，而不需要村集体的同意。出租是指将土地经营权出租给本集体经济组织以外的人，这是与转包最大的不同。出租人与村集体外的人员签订土地经营权转让合同，土地经营权的产权仍归出租人所有，承租人通过签订租赁合同，向土地出租人支付足够的租金获得土地的承包经营权，并获得土地收益。出租也只需要向村集体备案即可，不需要村集体的同意。借用仅是一种无偿合同，组织内部的人或外部的人可以进行耕种，出借人保留土地经营权的产权，借用人不需要支付使用费，借用同样也不需要村集体的同意，备案即可。互换是交换土地经营权的一种流转方式，目的是为了耕作的方便。互换必须是本集体经济组织内部的农户，互换时需要签订互换合同并备案，并行使承包经营权合同上的权利和承担义务。转让简单来说就是将土地承包经营权的产权转让给别的农户，转让的主体可以是本集体经济组织内的农户，也可以是本集体经济组织外的单位或农户。但是转让需要符合一定的条件，转让也会使农户失去土地承包经营权。入股就是一部分农民在自愿的基础上将他们的土地承包经营权集中

---

① 王家庭，张换兆. 中国农村土地流转制度的变迁及制度创新 [J]. 农村经济，2011（3）：31～35.

在一起，共同进行经营生产，农户按自己土地经营权所拥有的股份获得收益。

总体来说，我国农村土地制度的演变历程是一个渐进的过程，土地制度的变革也是随着我国国情的发展而变化的。如党的十九大报告提出，第二轮土地承包到期后再延长三十年。该政策的目的也是为了稳定农村土地承包关系、坚持和完善农村基本经营制度以及维护好农民土地权益。这一政策在时间节点上，与我国实现强国目标的战略安排高度契合。在 2023 年的基础上再延长 30 年，与十九大提出的"两个十五年"的奋斗目标高度吻合。届时，国家劳动力结构、城乡关系、工农关系等也将发生巨大的变化，农村的土地政策也会出现相应变革，这充分体现了制度设计的中国特色和中国智慧。① 总之，广大承包户和新型农业经营主体都希望国家尽早明确下一步土地承包政策的动向。

二、家庭联产承包责任制的制度影响及递减效应

家庭联产承包责任制虽然极大地调动了农民积极性、解决了农民的温饱问题，取得了很大的成就，但同时这种土地制度也有其局限性。本节将分别论述家庭联产承包责任制的积极意义和其存在的问题。

（一）家庭联产承包责任制的积极意义

家庭联产承包责任制根本上体现了农民与生产资料的直接结合的关系，该制度具有广泛的适应性和较强的生命力，因为该制度是基于家庭经营为主，而家庭经营符合农业自然生产和社会再生产相互融合的特征，做到生产者和经营者的统一，能及时根据自然条件、市场供给条件的变化作出相应的生产决策的变化，从而有规律、有组织地安排各生产要素的投入，提高劳动生产效率。同时基于家庭经营的联产承包责任制能有效降低其他组织生产经营中的监督管理成本和交易成本，有较强的弹性，家庭成员能够做到目标一致、信息顺畅、资源共享、困难共担。目前，即便是美国、法国、日本等发达国家已实现农业现代化的条件下农业生产仍大多采用的是家庭农场经营模式。

家庭联产承包责任制，改变了我国农村旧的经营管理体制，解放了农村生产力，调动了广大农民的生产经营积极性。其积极意义主要有以下几方面。

第一，在农业发展水平较低的手工劳动背景下，大规模的经营并不一定合适，而基于家庭经营的小规模生产模式能够和手工劳动的生产水平相适应。

---

① 参见 http://news.sina.com.cn/c/zs/2017-11-03/doc-ifynnnsc4267800.shtml

第二，以生产队为主的经营单位无法做到公平公正，也很难准确界定和统计个人的劳动数量和质量，大家都在混工分，最终出现干多干少一个样、干好干坏一个样、干与不干一个样，而家庭联产承包责任制可以很好地克服以往的不利因素。

第三，家庭联产承包责任制使得劳动者有很强的责任心，每一分辛苦都关系着自己的成果丰收，故家庭联产承包责任制使农业生产和农村经济得以蓬勃发展。

家庭联产承包责任制的实行，解放了我国农村的生产力，开创了我国农业发展史上的第二个黄金时代，充分体现了社会主义公有制的优越性。粮食总产量从1978年的6595亿斤，增至2017年的61791万吨，这也使得我国农业以占世界7%的耕地养活了占世界22%的人口。农业的发展也为国民经济的发展奠定了坚实的基础。而且，由于利益的内在推动，使家庭承包经营"不仅适应以手工劳动为主的传统农业，也能适应采用先进科学技术和生产手段的现代农业"，从而推动我国农业的现代化。

（二）家庭联产承包责任制的消极影响

1. 家庭分散经营，经营规模过小[①]

农村实行家庭联产承包责任制以来，国家把土地平均分给农民，在人多地少的条件下，每户农民得到的土地十分有限，再加上近些年耕地面积逐渐减少，这就注定了以家庭分散经营的小规模生产为主，不利于农业产量的提高，很难进行大规模化的生产与经营。20世纪80年代中期，平均每户所承包的土地只有8.35亩，到了90年代中期，我国农户平均拥有的耕地下降到6亩，户均承包土地9～10块，有1/3的省、市人均耕地不足1亩。如此细小分散的农田结构，耕作经营十分不便，农业技术进步的成果也无法体现出来。这也从客观上造就了我国农业发展水平与发达国家的差距，特别是加入WTO后，这种局限性带来的弊端愈发明显，跟发达国家相比，我国在农产品产量、质量和价格等方面均没有任何优势。而且随着大量的民工进城，很多土地闲置下来，国家首先要完善土地流转制度，使得土地规模化经营，采用先进的农业科技和农产品经营手段，才能进一步提高生产效率，并真正提高农业质量。

正是这种家庭小块田地分散经营，非常不利于农业科技水平的提高，而农业的现代化离开了农业科学技术的进步是寸步难行的。尤其是发达国家，他们

---

① 石传刚. 中国农业产业化经营与家庭联产承包责任制 [J]. 贵州省党校学报，2007 (2)：39～41.

充分利用新的科学技术来大幅提高农业生产效率，如灌溉、机械化、生物技术和先进耕作方法。而我国农民家庭的分散经营缺乏积累和扩大再生产的能力，每家每户土地有限，靠部分劳动力或劳动时间就可以耕种完成，不需要大规模的机械化和新技术耕种，且农产品收益低，难以进行大规模的改造，也缺乏提高农业科技水平的动力，最终阻碍了现代农业的发展。

2. 农户承包经营权的内涵模糊，土地制度缺乏规范化的法律保障

家庭承包经营权是典型的所有权与经营权相分离的一种土地经营制度。但在我国农民对土地的经营权仍然局限在对土地的耕种权，农民没有对土地的自由处置权，这就大大缩小了其权利范围。而实际上经营权应该只是土地使用权的一种，农民对土地还应该具有转租、抵押和收益等权利。正是我国这种特殊的社会主义市场经济体制，使得土地的承包经营并不完全符合真正的市场体制的要求，国家对土地的地位明显要高于农民对土地的地位，这种不平等也不符合真正的市场经济体制。另外，土地承包经营是基于合同而发生的权利，并不是由法律规定而产生的权利，农民对土地的权利没有得到充分的法律保障。此外，农村土地的权能界限也含糊不清。虽然我国法律规定农村土地归集体所有，但并没有明确具体归哪一级集体所有，具体由谁来行使土地权能也含糊不清。村集体和农民对土地的权利受到了国家的限制，法律规定村集体和农民对土地仅仅享有使用权而已，基本上对土地不享有租赁权和抵押权等。地方政府也有可能随意调整农民承包的土地，缩短承包期限，中止承包合同，收回农户承包地高价发包，非法征用农地。农民对土地占有和使用不稳定，导致农民缺乏对土地进行长期投资的热情，土地经营短期化行为不可避免，土地资源处于掠夺式经营中，这种缺乏投资的土地，必然导致农业产业化经营的生产条件无法改善，科技含量低，农业生产力无法提高，农民收入增长缓慢。

这些缺陷还进一步限制了农民的择业自由，许多农民自己耕种土地收入太少，完全抛荒又有点可惜，还怕被集体处罚或者收回，所以妇幼老弱耕种的现象在许多农村地区比较普遍，农民仅选择性的对优质土地进行管理，经营土地也逐渐变成了一种义务，农民不断徘徊在耕地和外出务工之间，荒地不断增加，也限制了农民的自由择业。

3. 农村基础设施难以建设，农业生产长期高成本

在我国的农村集体经济中，由于农业个体户的能力有限，农田水利等基础设施的建设是靠集体组织来进行的。但在家庭联产承包责任制的背景下，农村中的诸多水利基础建设、道路建设等公共建设都在一定程度上被阻碍了。如在水渠的修建中，上游田块的农户为了自身的利益最大化，往往会破坏水渠的规划设计，私自破渠灌溉，从而造成了对公共产品的破坏。农村中的公共产品长

期建设不足，甚至已建的公共产品遭到破坏，直接导致农业生产长期的高成本。

此外，家庭联产承包责任制还在一定程度上增加了农业生产的管理成本。农作物耕作时间上的先后会导致农作物的生产、管理成本增加，特别是在防治农作物病虫方面的管理成本比较高。如先耕种的田块中的病虫可能会导致后耕作田块中病虫的大量爆发，从而形成恶性循环。

4. 不能适应市场经济发展的需要①

市场化是农业产业化经营的基本特征之一，但目前家庭分散经营的模式难以协调农户在商品生产经营中的利益矛盾，农户在生产过程的盲目性依旧很大，"跟风农业"时常发生，农户的盲目跟进造成供大于求、价格下跌、产品滞留、难以销售。个体农户也很难掌握市场上的最新动向和供求关系，农业生产经营经常处于一种不稳定的震荡之中。同时家庭经营的规模过小，专业化程度低，使农民也没有多少产品进入市场，即使进入市场的农产品，交易方式也是分散成交，加大了市场交易的成本。

---

① 石传刚. 中国农业产业化经营与家庭联产承包责任制 [J]. 贵州省党校学报，2007（2）：39～41.

第三章　家庭农场的经济理论基础

家庭农场的出现顺应了当前我国农业发展的新趋势。随着我国农村基本经营制度的深刻变革、农村劳动力的转移和工业化与城镇化进程的加快，农业经营主体的分化，除一般的小农经营主体外，专业大户、家庭农场、农民合作社等现代农业经营主体在推动农业农村发展、促进农民增收等方面也发挥了重要的作用。家庭农场的经济理论解释离不开规模经济和范围经济基本理论，经济理论中的规模经济和范围经济均与规模报酬相联系。规模经济和范围经济的基本计量方法包括生产函数法、成本函数方法、适存检验法、综合评价法等；定性分析包括投入—产出理论、交易成本理论、资产专用性、交易模式等。本章大致介绍资产专用性、交易成本与规模经济三种理论。

一、资产专用性理论

资产专用性理论（Asset Specificity Theory）被企业理论家们誉为科斯交易费用经济学的研究取得实质性进展的重要发展方向之一。所谓资产专用性，就是为支撑某种具体交易而进行的耐久性投资，这种投资一旦做出，除非付出生产性价值的损失，不能转为其他用途。资产专用性主要表现在地点专用、物质专用、人力专用、专项用途、品牌专用及临时专用。[①] 其核心思想是，由于交易各方投入资产的专用性和不完全契约的背景，为保护专用性投资免受机会主义的侵害，使交易费用最小化，让重要的专用性资产所有者拥有企业所有权，从而就可以确保企业契约的效率。[②]

专用性资产的概念是由 Benjamin Klein 等于 1978 年在 J Law & Econ 发表的《Vertical integration, appropriable rents, and the competitive contracting process》中首次提出。资产专用性理论认为，资源在用于特定用途后，如果转作其他用途则其价值会降低。投资专门化的对象可以是一个国

---

① 熊德章，刘乔乔. 资产专用性理论的回顾与反思 [J]. 现代管理科学，2010 (5)：75.
② 牛德生. 资产专用性理论分析 [J]. 经济经纬，2004 (3)：18.

家、一种职业、一项产业，也可以针对一家企业。这种专用性的资产构成了交易成本的主要内容，对经济活动是采用企业的形式还是契约的形式来进行组织具有重大影响。资产的专用性高，交易双方就互相需求、高度依赖，倾向于采用内部组织一体化的形式，而不再采用外部市场合同形式，它主要被用来解释社会生产组织（企业）纵向一体化的原因。

威廉姆森进一步强调了资产专用性对交易行为的重要性，并指出：资产专用性是资产交易的专用性；资产专用性与沉没成本有关；资产专用性的实质是一种套住（lock—in）效应；资产专用性只有在契约不完全的背景下表现出来。所以，资产专用性在交易中的作用是不可忽视的。它不仅引发了交易活动的事前动力反应，而且还会触发交易活动的事后规制。一项包括专用性资产的交易，不仅意味着为保持稳定交易关系的当事人身份的重要性，而且也意味着为支持此类交易的契约以及组织保障措施是何等的重要。

资产专用性有六种类型[①]：

（1）场地专用性，指为节约库存和运输成本而被排列的相互密切联系的一系列站点；

（2）物质资产专用性，如生产某个配件的专用设备。

（3）在边干边学过程中出现的人力资产专用性，如某一新手在劳动过程中劳动技能的专业化的实现；

（4）专项资产，为满足某一需求或者某一目的，专门进行的分项投资而增加的资产；

（5）品牌资产专用性，包括组织或产品的品牌和企业的商誉等。

（6）临时专用性。

投入的是哪一类资产，就是哪一种组织形式，由于专用资产与特定生产目的之间相互联系，当它们转向别的生产目的时就会贬值。资产专用性程度越高，拥有专用性资产的一方退出交易过程就越困难。相反，如果资产专用性的程度较低，资产要素在不同业务活动或不同行业间的转移就相对较容易。资产专用性和资产流动性是两个截然相反的概念，即某种资产流动性越弱，资产专用程度就越高，反之亦然。

---

① 朱涛，邹双. 资产专用性、交易频率与农民专业合作社 [J]. 中州大学学报，2013，30（2）：8～9.

二、交易成本理论

交易费用概念由科斯创立并成为新制度经济学的核心范畴，在国家理论、产业理论和企业理论中均得到广泛运用。交易费用的内涵有交易分工说、交易合约说、交易维度说、制度成本论、交易行为说等典型观点。交易费用的构成主要包括搜寻信息、达成合同、签订合同、监督合同履行和违约后寻求赔偿的费用。①

交易成本理论（Transaction Cost Theory）由经济学诺贝尔奖获得者科斯在 1937 年提出，他认为市场不是万能的，它的运行也是有成本的，运用价格机制也有相应的代价，在交易过程中，完全必要发现交易对象，交易条件是什么，需要进行谈判、讨价还价、签订契约、实施监督来保证交易的顺利进行。这也就是说要完成一笔交易，是要付出代价的。随后科斯又提出，通过市场机制交易要支付的成本包括搜集信息、谈判、签约和兑现合约的监督费用。之后张五常进一步认为广义上的交易成本包括所有不可能存在与没有产权、没有交易、没有任何一种经济组织的鲁滨逊·克鲁索经济中的成本，即包括一切不直接发生的物质生产过程中的成本，而把交易费用理解为讨价还价与使用仲裁机构的费用，识别、考核与测度费用，认为交易成本是指交易本身必然发生的费用。②

交易成本理论包含以下几点基本结论③：

（1）市场和企业虽可相互替代，却是不相同的交易机制，因而企业可以取代市场实现交易；

（2）企业取代市场实现交易有可能减少交易的费用；

（3）市场交易费用的存在决定了企业的存在；

（4）企业"内化"市场交易的同时产生额外的管理费用。当管理费用的增加与市场交易费用节省的数量相当时，企业的边界趋于平衡（不再增长扩大）。

交易费用理论仔细区分了市场交易和企业内部交易。市场交易双方利益并不一致，但交易双方地位平等。企业内部交易一般是通过长期合约规定（如企业主和雇员），交易双方利益比较一致，但地位并不平等。市场交易导致机会

---

① 沈满洪，张兵兵. 交易费用理论综述 [J]. 浙江大学学报（人文社会科学版），2013，43（2）：44.

② 参见 https：//baike. baidu. com

③ 参见 https：//baike. baidu. com

主义，但在企业内部，机会主义对谁都没有好处。交易费用这一思想的提出，改变了经济学的面目，使呆板的经济学具有了新的活力，并更具有现实性。它打破了古典经济学建立在虚假假设之上的完美经济学体系，为经济学的研究开辟了新的领域。它的意义不仅在于使经济学更加完善，而且这一思想的提出，改变了人们的传统观念。

针对我国的土地承包经营，很多学者运用该理论进行了有益的研究。李孔岳（2009）研究发现农地流转合同没有进行公证、村干部对农地跨村流转的干预增加了农地流转过程农户行为的不确定性，进而增加了农地流转的交易费用；实物资产专用性、人力资本专用性对农地流转的交易费用影响有限；农户行为的不确定性、政策的不确定性对农地流转的交易费用影响显著。[①] 伍振军（2010）将我国土地承包经营权流转概括为四种主要模式，并构造了交易费用函数，计算出四种模式中农户、用地主体的交易费用，比较了四种模式中的政府主体行为及其与农户、用地主体交易费用的关系，得出了政府主体行为对农户、用地主体交易费用有直接影响的结论。罗必良（2012）研究表明资产专用性对交易费用影响显著，实物资产专用性有助于农地流转及规模化经营，状态型人力资本以及地理位置的专用性增加了农地流转的交易费用；交易频率与交易费用正相关；农户行为和政策的不确定性明显影响到农地流转的交易费用，从而表达了地权稳定的重要性。[②] 罗必良（2012）基于问卷调查比较分析了农户的交易费用认知对农地流转（转出）的影响，研究表明农户的农地转出与农户禀赋具有状态依赖性；未转出农地农户对交易费用的事前认知明显高于有转出行为农户的经验认知；农户在流转流程、外部环境和第三方组织三个角度的交易费用认知，不利于农地的流转，而对合约安排产生的交易费用认知则有利于改善农地的转出行为。[③]

三、规模经济与范围经济[④]

规模经济（Economies of scale）是指通过扩大生产规模而引起经济效益

---

① 李孔岳. 农地专用性资产与交易的不确定性对农地流转交易费用的影响 [J]. 管理世界，2009（3）：92.

② 罗必良，李尚蒲. 农地流转的交易费用：威廉姆森分析范式及广东的证据 [J]. 农业经济问题，2010（12）：30～40.

③ 罗必良，汪沙，李尚蒲. 交易费用、农户认知与农地流转——来自广东省的农户问卷调查 [J]. 农业技术经济，2012（1）：11～21.

④ 参见 https：//baike. baidu. com

增加的现象。规模经济反映的是生产要素的集中程度同经济效益之间的关系。规模经济的优越性在于：随着产量的增加，长期平均总成本下降的特性。但是，这并不仅仅意味着生产规模越大越好，因为规模经济追求的是能获取最佳经济效益的生产规模。一旦企业生产规模扩大到超过一定的规模，边际效益会逐渐下降，甚至跌破趋向零，乃至变成负值，引发规模不经济现象。

范围经济（Economies of scope）指由厂商的范围而非规模带来的经济，也即是当同时生产两种产品的费用低于分别生产每种产品所需成本的总和时，所存在的状况就被称为范围经济。只要把两种或更多的产品合并在一起生产比分开来生产的成本要低，就会存在范围经济。由于一个地区集中了某项产业所需的人力、相关服务业、原材料和半成品供给、销售等环节供应者，从而使这一地区在继续发展这一产业中拥有比其他地区更大的优势。企业通过扩大经营范围，增加产品种类，生产两种或两种以上的产品而引起的单位成本的降低。与规模经济不同，它通常是企业或生产单位从生产或提供某种系列产品（与大量生产同一产品不同）的单位成本中获得节省。而这种节约来自分销、研究与开发和服务等部门。

企业增加产品数量和服务的种类，通过扩大经营范围，使生产两种或者多种产品带来的单位成本降低的情况与规模经济大量生产同一种产品的情况是有区别的，它通常是通过企业或者生产单位从事生产或者提供某种系列的产品和服务。多种产品或者服务的生产也称为联合生产，联合产品是指在两种或者两种以上的可以使用共同的设备、技术、管理和人力等资源条件的技术特性相同或相近的产品。

规模经济和范围经济两者之间没有必然的联系，是两个完全不同的概念。若一个企业生产多种产出，生产过程中可以获得范围经济，但却未必会获得规模经济。一个较大规模的工厂大批量生产单一产出可能会产生规模经济，但绝不可能获得范围经济。规模经济强调的是企业的产量规模带来的经济性，范围经济则强调生产两种或者多种产品或服务获得的经济性。企业生产单一产品产量增加时产生的成本节约是企业内部的规模经济，当企业规模的扩大使产出的产品或者服务种类增加时，这时企业存在的内部规模经济又通常被称为范围经济。生产经营活动存在着"可共享的投入"或一定的"不可任意分割"是规模经济和范围经济存在的原因。规模经济源于企业在生产同一产品产量增加时带来的边际成本降低，范围经济则源于企业生产经营产出或服务种类的增加带来的平均成本降低。

内部规模经济是说随产量的增加，企业的平均成本下降。外部规模经济是说同一个区域内同类企业数量的增加，可以共同享受这一区域内多个企业的基础生产设施、劳动力资源而带来的成本上的节约。内部范围经济是指随着企业产出产品品种和服务种类的增多，企业的长期平均成本下降的经济。外部范围经济是指同一区域内，多个企业共同分工协作，单一企业提高专有化，构建区域生产系统，加强企业之间的分工协作而带来成本的节约。

关于规模经济在家庭农场上的运用，苏昕等（2014）认为家庭联产承包责任制是我国必须坚持的一项基本经济制度，我国实现农业现代化要走集约化、规模化、专业化的道路，发展适度规模的现代家庭农场切实可行。[①] 郭熙保（2015）认为家庭农场模式被证明是农业生产中最有效率的经营模式，但是家庭农场模式并不等于小生产模式，发达国家在其工业化过程中家庭农场规模呈不断扩大的趋势，运用经济学均衡理论对发达国家家庭农场规模变化的决定因素进行了考察，结果表明经济发展水平、技术进步、制造业—农业工资比及劳动—资本价格比的提高是家庭农场规模不断扩大的主要决定因素。[②]

家庭农场能够解决部分农场与企业、农场与市场、农场与雇工之间因信息不对称引起的逆向选择和道德风险。家庭农场的内部制度在一定程度上能够抑制农场、雇工、市场的机会主义行为。因此，家庭农场在解决信息不对称和机会主义行为导致的农户与企业间双重违约风险能够发挥一定的作用。家庭农场能增强农户和企业及市场的资产专用性，抑制各方的机会主义行为，节约交易费用，减少农场、雇工、市场重复搜寻、谈判、签约和监控的成本，减少交易频率，节约交易费用。另外，由于生产要素集中程度的不同导致经济效益也会不同，这就是产生了家庭农场的规模经济问题，即随着产量的增加，长期平均总成本下降。但是，这并不仅仅意味着生产规模越大越好，因为规模经济追求的是能获取最佳经济效益的生产规模。一旦企业生产规模扩大到超过一定的规模，边际效益就会逐渐下降，甚至跌破趋向零，乃至变成负值，引发规模不经济现象。

---

① 苏昕，王可山，张淑敏. 我国家庭农场发展及其规模探讨——基于资源禀赋视角 [J]. 农业经济问题，2014，35（5）：8～14.

② 郭熙保，冯玲玲. 家庭农场规模的决定因素分析：理论与实证 [J]. 中国农村经济，2015（5）：82.

第四章　家庭农场与农业适度规模经营

随着我国城镇化和农业现代化的深入推进，农业结构得到不断调整和优化，农村劳动力大量转移，新型经营主体不断涌现，土地流转和适度规模经营发展已成为趋势。特别是 2014 年 11 月，中央审议通过了《关于引导农村土地经营权有序流转发展农业适度规模经营的意见》，进一步明确了促进农业适度规模的政策、原则和措施，提出了积极推进农业规模经营的具体措施。规范了政策实施过程中可能出现的问题。《意见》的实施对中国农村改革发展和农业现代化建设的推进产生了深远的影响。

据农业部统计数据显示，截至 2016 年 6 月底，全国承包耕地流转面积达到 4.6 亿亩，超过承包耕地总面积的 1/3，在一些东部沿海地区，流转比例已经超过 1/2。全国经营耕地面积在 50 亩以上的规模经营农户超过 350 万户，经营耕地面积超过 3.5 亿多亩。[①] 土地流转面积在逐年增多，流转形式日趋多样化，流转主体趋向多元，流转体系逐步健全，农村土地流转正成为普遍关注的焦点。实践经验表明，农村土地流转是发展现代农业的方向，也是实现农民对土地权益的一个路径，将会推动第三次农业改革，盘活农村土地资源，优化土地资源配置，实现农业增效和农民增收，加快农业现代化和激发经济发展的内生动力。[②] 因此，农业适度规模经营是我国现代农业发展的必然之路，是中国农业改革发展的第二次飞跃。

一、适度规模的基本理论

(一) 企业领域的适度规模

经营规模是指在一个限定的独立经营单位内其生产经营要素的数量级，即

---

① 参见 http://www.tdzyw.com/2017/0131/42268.html.

② 陈永杰，薛濡壕. 中国农村土地流转适度规模评价指标体系构建 [J]. 江苏农业科学，2018，46 (2)：292～296.

劳动力、劳动手段、劳动对象等生产要素的集中程度、配置比例和组合方式。与规模经济不同，规模经济是指通过扩大生产规模而引起经济效益增加的现象，规模经济反映的是生产要素的集中程度同经济效益之间的关系。适度规模也叫最优规模，在适度规模上，厂商获得了扩大规模带来的效率增加的全部好处，又避免了继续扩大规模带来的效率下降所造成的损失。在技术不变的条件下，规模报酬会随着生产规模的变化而处于不同的变化阶段。一般生产规模较小时，扩大生产规模会导致规模报酬递增；生产规模达到适度规模，扩大生产规模会导致规模报酬不变；超过适度规模，扩大生产规模会导致规模报酬递减。

探讨经营规模的目的是为了获得规模收益。规模收益是指当所有投入要素的使用量都按同样的比例增加时，这种增加会对总产量产生影响，即规模扩大后经济总量的正增长。它既包含了成本下降的可能性，也包含了总收入项减去全部成本项的正增长过程。如果单位产品的成本没有降低，甚至还有所提高，但只要收入减去成本仍保持为正数，则经营单位获得了规模收益，取得了经济总量的扩张，也会继续扩大经营规模。需要说明的是，成本不可能无限度降低，当规模增长到一定程度后，单位成本下降不再明显甚至开始上升，一般将这时的规模称为最小经济规模，或最小最佳规模，简称 MES（Minimum Efficient Scale）。大于 MES 的规模才具有规模效益，所以可视 MES 为判断是否具有规模效益的临界规模。通常假定企业面临一个 U 型的长期平均成本曲线，在规模达到 Q_1 之前，企业处于平均成本下降的阶段（规模经济阶段），在 $Q_1 - Q_2$ 之间处于平均成本不变的阶段，规模大于 Q_2 后处于平均成本上升的阶段（规模不经济阶段）。企业的最小有效规模（MES）就是 Q_1 点。[1]

（二）农业领域的适度规模经营[2]

农业规模经营是指根据耕地资源条件、社会经济条件、物质技术装备条件及政治历史条件的状况，确定一定的农业经营规模，以提高农业的劳动生产率、土地产出率和农产品商品率的一种农业经营形式。农业规模经营由土地、劳动力、资本、管理四大要素配置进行，其主要目的是扩大生产规模，发挥规模经济效应，使单位产品的平均成本降低和收益增加，从而提高经济效益和社会效益。

农业规模经营的发展方向是农业适度规模经营。在劳动力、资本、土地、

---

① 魏旻，金书秦. 农业适度规模经营研究综述与展望［J］. 农业展望，2012，8（4）：27～31.

② 参见 https：//baike. baidu. com

技术、管理四大生产要素中，土地一直是我国农村比较优势较明显的要素禀赋，也是当前乡村振兴需要重点盘活的资源。以土地要素为代表的自然环境对我国农业适度规模经营所产生的影响主要体现在我国人均耕地面积少、土地细碎化程度高及土地撂荒现象普遍、人均农业资源短缺等方面，需要亟待提高农业的规模经济效益。因此，促进农业适度规模经营，土地资源的有效盘活极为关键。

最初的农业规模经营是针对我国家庭联产承包责任制度下的农户经营规模过小而提出的，即通过土地的流转实现要素的优化组合，来通过扩大经营规模提高规模效益。需要注意的是，土地经营规模的扩大，并不等于土地数量的简单相加，而是通过劳动力、资本、土地、技术、管理等生产要素的优化组合进一步提高土地产出率和劳动生产率及投入产出率，从而达到最佳效益。目前的研究普遍认为土地规模的适当扩大，可以提高土地的产出水平；适度的规模化也可以促进资本的投入，因而土地的适度规模化经营又可以通过提高资本投入的方式，促进产出水平的增长。此外，适度的规模经营也可以促进劳动生产率的提高。在推进土地适度规模经营的政策方面，学者们提出了众多建议，其中比较一致的看法是应加大保护农民的承包权益力度，建立和完善土地流转制度，培育和发展新型农民合作组织等。①

二、我国发展农业适度规模经营的必要性

在经过 30 余年的发展后，农户以家庭为单位向集体组织承包土地等生产资料和生产任务的家庭联产承包责任制，由于生产成本高、规模效益得不到体现、土地利用集约化水平低下等缺陷问题日渐突出，已不能适应现阶段农业生产发展的要求，体现出制度递减效应。另一方面，随着我国工业化和城镇化的推进，农民非农就业收入不断提高，从事农业意愿日趋下降，农业粗放经营、土地抛荒成为普遍现象，导致我国的粮食安全难以得到保障、应对国际竞争困难、农业产业安全形势严峻等问题。因此，发展适度规模经营成为解决"谁来种地""怎么种地"的必由之路。如 2017 年中央财政共安排资金 230 亿元，继续支持农业适度规模经营，鼓励各地创新支持方式，采取贷款贴息、重大技术推广与服务等方式发展多种形式的适度规模经营。同时，继续重点支持建立完

---

① 魏旮，金书秦. 农业适度规模经营研究综述与展望 [J]. 农业展望，2012，8（4）：27~31.

善全国农业信贷担保体系。①

（一）适度规模经营是实现农业现代化的必由之路

规模经营是探索中国特色现代农业发展道路的必由之路，也是农业现代化的必然要求。首先，现代农业是在现代工业和现代科学技术基础上发展起来的农业。其主要特征是广泛运用现代科学技术的工业化、商品化、社会化的农业。其基本特征之一就是集约化的农业，生产要素集聚。通过实现农业生产经营的规模化、专业化、区域化，降低公共成本和外部成本，提高农业的效益和竞争力。小农生产方式已经无法适应时代发展需要，规模经营成为现代农业的标志。

现代农业也是标准化农业，通过制定标准和实施标准，把农业生产的全过程纳入标准生产和标准管理的轨道，把先进的科学技术和成熟的经验推广到农户，转化为现实的生产力，从而取得经济、社会和生态的最佳效益，达到高产、优质、高效的目的。

发达国家的农业发展史表明，它们在工业化、城镇化和农业现代化的进程中，选择并坚持了规模化农业发展方式的方向，成为农业规模化经营和现代化发展的经验样板。因此，深入推进农业适度规模经营最终将为形成有中国特色的现代农业发展方式奠定坚实的物质和实践基础。当前，我国正处于从传统农业向现代农业转型的阶段，为改变农户经营规模小，市场竞争力弱、收益低的局面，实行适度规模经营是加快发展现代农业、深入推进新农村建设的重要举措。

（二）适度规模经营符合国际经验的一般规律

从发达国家农业现代化的发展历程和经验来看，土地经营规模在其进程中是不断调整变化的，且土地经营规模一般是随着经济发展水平的提高而扩大。同时，家庭成为农业经营的最基本形式，呈现出以家庭农场为主体、多种规模经营形式共同发展的特点。我国发展适度规模经营符合世界农业发展的一般规律。农业部给出的标准，将适度的土地规模界定为相当于当地户均承包土地面积的 10～15 倍，这符合现阶段我国的国情和农情。国际现代农业的发展经验也表明，发展适度规模经营既不能保守、无所作为，也不能一蹴而就、操之过急。因此，在推进规模经营时，要统筹兼顾增产与增收的平衡、劳动生产率与

---

① 参见 http：//paper. people. com. cn/rmrb/html/2017－08/15/nw. D110000renmrb＿20170815＿3－02. htm

土地产出率的平衡、效率与公平的平衡，既要避免土地撂荒或经营规模过于碎小，又要防止土地过度集中从而加大就业压力并造成新的农村贫富差距。①

可以预见，我国农业经营方面将呈现并长期呈现出规模农户与传统家庭承包农户并存的态势。

（三）适度规模经营有利于农业供给侧改革

2015 年 12 月 24 日至 25 日，中国中央农村工作会议强调，要着力加强农业供给侧结构性改革，提高农业供给体系质量和效率，使农产品供给数量充足、品种和质量契合消费者需要，真正形成结构合理、保障有力的农产品有效供给。

农业供给侧改革的目标是要以供给体系质量和效率的提高，提供契合消费者需要的高质量、充足数量的农产品。一方面农业供给侧改革要满足消费者不断提高的新需求，另一方面农业供给侧改革还要保证粮食安全等根本目标，这都必须实现适度规模经营。农业供给侧改革的过程就是农民要把控好自己生产的质量和规模。农业的发展方式需要转变，要从供给入手，改善供给结构。

第二次全国土地调查结果显示，全国耕地平均质量等别总体偏低，中重度污染耕地大体在 5000 万亩左右。针对耕地污染严重的问题，中央明确提出了耕地轮作休耕制度，实行耕地轮作休耕意味着耕地的数量变得更为有限。同时，居民对农产品的消费需求不断发生变化，需要大量的粮食进行生产转化。如当前我国每年玉米产量都在提高，但每年玉米的进口量也在同步增加，其原因是玉米既是饲料也是工业原料被消耗和转化。随着我国城镇化的进一步提高，居民消费需求会持续发生变化，对粮食的需求也会持续扩大，而同时耕地污染要求耕地进行轮作，解决这诸多矛盾的唯一可行途径就是农业适度规模经营。以适度规模经营实现农业生产机械化，提高农业生产率，降低农业生产成本；以适度规模经营真正实现有限土地的最有效使用，实现农业供给侧改革对农产品数量的要求；以适度规模经营推进现代农业的绿色生产，降低对土地、水、农产品的污染，实现农业供给侧改革和人民需要的高质量农产品供给。②

（四）适度规模经营有利于农民增加收入

近年来，国家继续实施支农惠农政策，农民收入保持较快增长，城乡居民收入差距不断缩小。2017 年，农民人均可支配收入超过 1.3 万元，比 2016 年

---

① 钱克明. 规模很重要适度是关键 [J]. 求是，2015（07）：37～39.
② 陈明鹤. 以适度规模经营引领农业供给侧结构性改革 [J]. 党政干部学刊，2016（10）.

实际增长 7.3%。但与城镇居民人均可支配收入相比依然差距还较大（城乡居民收入差距缩小到 2.71）。从农民收入结构来看，当前农民的工资性收入已经超过家庭经营收入，而且家庭经营收入的增长速度近两年在不断下降，这对于生活在农村，以农业经营为主业的农民来说，要保障他们收入的可持续增长将任重道远。农业小规模经营是制约农民收入提高的主要因素。农业小规模经营必然导致农民的兼业化比较普遍，兼业化的小农其资本和劳动的投入都会下降，使得他们本来不高的农业经营收入会继续下降；农业小规模经营使得他们没有动力采用新技术、新品种，导致产量不高、品质不优、效率低下；农业小规模经营使得农产品的商品化率比较低，与大市场联结以及对农产品进行加工转化的能力都较弱。推进土地流转发展农业适度规模经营有利于提高农业劳动生产率并全面提高农业综合生产效率，而降低农业生产成本是提高农民收入的重要途径。[1]

规模经营是实现农业增效和农民增收的重要保障。发展农业适度规模经营是转变农业发展方式，实现农业"第二个飞跃"，促进农业增效、农民增收的重要途径，是提高农业规模效益、增加农民收入的现实选择。规模经营使得生产要素集聚、降低了农业生产成本、为大量剩余农村劳动力进入城市从事第二、第三产业提供了条件，使管理更具复制性而促进了农业劳动者素质的提高。推进农业适度规模经营的目的，就是要追求土地和产业的规模效益。只有推进农业适度规模经营，才能更快地推广运用农业科技，更好地实现生产与市场对接、更多地提高土地产出率、资源利用率、劳动生产率，增加规模经营效益。

（五）适度规模经营有利于农产品质量安全保障

近年来，随着人们生活水平的逐渐提高，以及农产品国际贸易对食品的生产方式、质量标准、认证管理及延伸、扩展性附加条件要求越来越高，农产品质量安全问题日益凸显。农产品质量安全问题也是现舆论关注的焦点之一。同时，面对日益激烈的国际农产品竞争市场，农产品质量安全也成为提升农产品竞争力的关键因素。而保障农产品质量安全，提高农产品品质，需要实现农业适度规模经营。小规模经营农业是难以规范化和标准化的，很难有积极性去提升农产品品质，从生产到消费终端之间的环节很多、链条很长，不便于质量安全追溯，为农产品质量安全留下较多的隐患。因此，推进土地流转发展农业适度规模经营有利于农业标准化、专业化生产，形成品牌标志和追索体系，从而

---

① 曾福生．推进土地流转发展农业适度规模经营的对策 [J]．湖南社会科学，2015（3）：154～156．

有利于保障农产品的质量安全。[①]

近年来，中国不断加快农产品质量安全追溯体系建设，加快制定质量追溯制度、管理规范和技术标准，探索并推动国家追溯信息平台建设，健全农产品质量安全可追溯体系，逐步实现覆盖主要农产品质量安全的可追溯管理目标。为鼓励农业规模化经营，国家鼓励农村发展合作经济，扶持发展规模化、专业化、现代化经营，允许财政项目资金直接投向符合条件的合作社，同时引导工商资本到农村发展适合企业化经营的现代种养业，鼓励其重点发展资本、技术密集型产业，从事农产品加工流通和农业社会化服务。对土地经营规模相当于当地户均承包地面积 10 至 15 倍、务农收入相当于当地二三产业务工收入的，应当给予重点扶持，加快土地经营权流转进程。

三、我国发展农业适度规模经营应注意的几个问题

目前，人们对农业适度规模经营还存在一些认识误区。促进农业适度规模经营健康发展，关键是要务实，具体而言应该重点关注以下几方面的问题。

（一）要准确把握适度规模经营的本质要求

适度规模经营的本质要求是实现规模经济，推进适度规模的家庭经营，说到底是为了实现规模经济、避免规模不经济。一般说来，规模经济的形成主要有三个来源，分别是内部规模经济、外部规模经济和聚集经济。

内部规模经济是指随着农业产出量的增加而发生的单位成本下降，如在种植业中通过土地规模的扩大，物质技术的适量投入以及劳动力的节省，从而提高土地产出率等而取得的规模效益即属于农业内部规模经济效益。农业的适度规模经营可以实现"四个有利于"：有利于采用现代生产要素和现代生产方式、有利于降低生产成本、有利于提高单产、有利于节约耕地。外部规模经济是指不承担农业成本支出而获得的利益，包括与农业规模无关的市场条件、物质技术服务的改善而带来的经济效益。产生的原因大致为：普遍获得内部规模经济效益、整个农业部门分享社会分工所产生的规模经济效益从而降低各个生产单位的成本、农业生产单位无偿从其他方面得到的利益等。

聚集经济是指经济活动在地理空间分布上的集中现象，主要表现为相同（类似）产业或互补产业在一个特定的、邻近地理区位上的集中所形成的产业

---

① 曾福生. 推进土地流转发展农业适度规模经营的对策 [J]. 湖南社会科学，2015（3）：154～156.

群或相互依赖的区域经济网络。例如，建设现代农业示范区、农产品加工业物流园区、农业产业化示范园区等，由于在一定空间内聚集多种生产要素和不同产品（行业）的生产经营活动，从而使得单个生产经营者可以得到额外经济利益。

钱克明（2015）认为，规模经济的实现途径可以概括为：一是资源要素的聚集，如耕地向种田能手集中、生产向主产区集中、企业向园区集中；二是经营主体的联合，如联户经营、合作经营、集体经营等；三是产业化，如产加销一条龙、贸工农一体化；四是专业化分工和社会化服务，如各地成立的统一育秧、统防统治、统种统收服务队，生产的部分代管或全程托管服务公司等；五是加强基础设施建设和公共服务，为粮食生产者提供更多的公共物品等，都能获得规模经济效益。

（二）要正视适度规模经营的多元化风险

农业的规模化经营不只成为中国农业的破局之路，更将成为中国社会供给侧结构性改革的最优突破口。但适度规模经营面临着多元化风险。刘文勇（2016）认为，与小农户相比，家庭农场劳动生产率显著提升，但土地生产率略有下降。以家庭农场为代表的规模种植户的经营风险是很大的。实地调研发现，与同期普通小农户的成本收益率相比，经营较好的家庭农场成本收益率高于普通农户，而经营较差的家庭农场成本收益率甚至低于普通农户。刘文勇认为，规模经营面临着多元化的风险。以家庭农场为例列举了家庭农场规模经营面临着过度规模化、缺乏稳定优质的季节性辅助劳动力、生产成本面临上涨、经营结构单一化、配套设施和服务发展落后、市场议价能力不足等多种风险。重视适度规模经营的多元化风险，提高规模经营的生产效率和抗风险能力，政府应首当其先发挥积极作用。一是积极引导发展农地产权交易平台；二是完善农机租赁等社会化服务体系；三是发挥"托底"功能，分阶段动态式补贴；四是大力发展农村金融服务体系；五是积极提升粮食销售价格谈判能力。最后，政府应积极引导家庭农场控制在适度规模内，不能任其无限制扩大。①

（三）要科学认识规模经营的效益

规模经营是指经营的"三要素"——劳动力、劳动手段、劳动对象的集中和组合程度，当目标效益达到最佳时，各要素的集中和组合就达到适度经营规

---

① 参见 http://finance. eastmoney. com/news/1371，20160617633713531. html

模。经营规模是否适度，就是看效益是否达到最佳程度。这里所说的效益不是单方面的，而是综合的。一是确保农业生产稳定发展。如果这一条落空，就说明规模经营是失败的。二是提高农业劳动生产率。提高每个劳动力单位时间的产量，是规模经营的内在要求。三是提高土地产出率。规模经营必须与集约经营相结合，如果是在粗放经营的情况下搞土地集中的规模经营，经营效益就不可能达到最佳。四是提高资源利用率。主要是提高土地利用率、实现劳动力优化配置。五是提高农业经营主体收入。这是经营主体发展规模经营的根本动力。所以，经营规模是否适度，要从国家宏观经济效益、农户微观经济效益和社会效益等角度综合评价。

（四）要多元利用规模经营的形式

通过土地流转实现适度规模经营是一种重要形式，应鼓励有条件的地方制定扶持政策，引导农户长期流转承包地并促进其转移就业。但是，土地流转集中不是实现规模经营的唯一形式。比如，农民在自愿前提下采取互换并地方式解决承包地细碎化问题而实现的规模经营，通过社会化服务而实现的农业生产环节上的规模经营等，都应当加以鼓励。还应鼓励农户通过共同使用农业机械、开展联合营销等方式发展联户经营，发展多种形式的农民合作组织；鼓励包括产前、产中、产后的整个农业产业链的规模经营，通过发展农业社会化服务，实现农业生产资料规模供给、农业技术统一服务、农产品统一销售等形式的规模经营；鼓励农业产业化龙头企业等涉农企业从事农产品加工流通和农业社会化服务，带动农户和农民合作社发展规模经营；引导工商资本发展良种种苗繁育、高标准设施农业、规模化养殖等适合企业化经营的现代种养业，开发农村"四荒"资源，发展多种经营；支持农业企业与农户、农民合作社建立紧密的利益联结机制，实现合理分工、互利共赢。同时，注重发挥家庭经营的基础作用，促进规模经营与农户经营并行发展。应重点培育以家庭成员为主要劳动力、以农业为主要收入来源，从事专业化、集约化农业生产的家庭农场，使之成为引领适度规模经营、发展现代农业的有生力量；鼓励整合涉农资金建设连片高标准农田，并优先向家庭农场、专业大户等规模经营主体流转。

四、培育新型农业经营主体，推进我国农业适度规模经营①

党的十八大报告明确提出，要坚持和完善农村基本经营制度，依法维护农

---

① 参见 http：//www．sic．gov．cn/News/455/5729．htm

民土地承包经营权、宅基地使用权、集体收益分配权,壮大集体经济实力,发展农民专业合作和股份合作,培育新型经营主体,发展多种形式的规模经营,构建集约化、专业化、组织化、社会化相结合的新型农业经营体系。构建新型农业经营体系,新型农业经营主体的培育尤为重要。新型农业经营主体是建立于家庭承包经营基础之上,适应市场经济和农业生产力发展要求,从事专业化、集约化生产经营,组织化、社会化程度较高的现代农业生产经营组织形式,主要包括专业大户、家庭农场、农民合作社、农业产业化龙头企业等类型。2017 年 5 月 31 日,中共中央办公厅、国务院办公厅印发了《关于加快构建政策体系培育新型农业经营主体的意见》,分别从财政税收、基础设施、金融信贷服务、保险扶持、市场营销拓展、人才培养等六大方面作了更系统的规定,形成了一个全方位的政策体系,解决了农业新型经营主体在发展中所遇到的一系列问题。

培育新型农业经营主体,要坚持农村基本经营制度和家庭经营主体地位,以承包农户为基础,以家庭农场为核心,以农民合作社为骨干,以龙头企业为引领,以农业社会化服务组织为支撑,加强指导、规范、扶持、服务,推进农业生产要素向新型农业经营主体优化配置,创造新型农业经营主体发展的制度环境。

(一) 完善土地管理制度,保障经营主体的用地需求

《关于加快构建政策体系培育新型农业经营主体的意见》规定了优先安排新型农业经营主体建设配套辅助设施。例如,在用地政策方面,允许各县(市、区、旗)根据实际情况,在年度建设用地指标中优先安排新型农业经营主体建设配套辅助设施,并按规定减免相关税费。对新型农业经营主体发展较快、用地集约且需求大的地区,适度增加年度新增建设用地指标;通过城乡建设用地增减挂钩节余的用地指标,优先支持新型农业经营主体开展生产经营等。

推进土地承包权经营权确权,建立土地经营权流转有形市场,规范土地流转合同管理,强化土地流转契约执行,消除土地流转中的诸多不确定性,打消农户流转土地的后顾之忧。鼓励土地转出户与专业大户、家庭农场签订中长期租赁合同,发展稳定而适度的规模经营。优先保障新型农业经营主体的生产设施用地及附属设施用地,有效利用村庄内闲置地、建设用地或复垦土地,支持新型农业经营主体建设连栋温室、畜禽圈舍等生产设施和附属设施。加强对流转土地的监管和指导,探索建立土地流转费用指导机制,通过设立最高限价和规定作物品种,防止非农化和非粮化。

（二）创新农村金融服务，满足经营主体的资金需求

金融方面，提出建立新型农业经营主体生产经营直报系统，通过点对点对接信贷、保险和补贴等服务，探索建立新型农业经营主体信用评价体系，对符合条件的灵活确定贷款期限，简化审批流程，对正常生产经营、信用等级高的可以实行贷款优先等措施。

保险政策方面，提出在粮食主产省开展适度规模经营农户大灾保险试点，调整部分财政救灾资金予以支持，提高保险覆盖面和理赔标准。落实农业保险保额覆盖直接物化成本，创新"基本险＋附加险"产品，实现主要粮食作物保障水平涵盖地租成本和劳动力成本；研究出台对地方特色优势农林产品保险的中央财政以奖代补政策；稳步开展农民互助合作保险试点等。

培育和引入各类新型农村金融机构，形成多元主体、良性竞争的农村金融市场格局。扩展有效担保抵押物范围，创新担保机制，既可以由财政出资成立担保公司为新型农业经营主体进行担保，也可以成立村级的互助担保资金对新型主体贷款进行担保，还可以由龙头企业为合作社和家庭农场提供担保等。

（三）加强农民职业培训，解决经营主体的人才需求

依托新型职业农民培育工程，大力开展新型职业农民教育培训，整合各渠道培训资金资源，实施现代青年农场主培养计划、农村实用人才带头人培训计划以及新型农业经营主体带头人轮训计划。努力构建新型职业农民和农村实用人才培养、认定、扶持体系，建立公益性农民培训制度，探索建立培育新型职业农民制度。深入推行科技特派员制度，鼓励科研人员到农民合作社、龙头企业任职兼职，完善知识产权入股、参与分红等激励机制。

切实做好新型农业经营主体发展的人才保障工作。实施农村人才的中长期培养规划，将全省农民专业合作社、家庭农场、农业专业大户等新型经营主体纳入培养规划，打造培育一批有文化、懂技术、能经营、敢创业的新型职业农民，切实解决新型农业经营主体发展中存在的人才问题。引进培育创新创业人才，培训一批高端人才。与大专院校合作、地方政府与院校合作联合培养模式，定向招生，协议就业，充实农村第一线充当农村经营人才。

（四）优化生产服务体系，拓展经营主体的技术需求

培育农资经销企业、农机服务队、农技服务公司、龙头企业、专业合作社、资金互助合作社等多元主体，拓展服务范围，重点加强农产品加工、销售、储藏、包装、信息、金融等服务，为新型农业经营主体提供专业化、系列

化的生产性服务。采取政府购买服务的方式，引导公益性服务机构转变职能，推动公益性服务机构逐步从经营性领域退出，主要在具有较强公益性、外部性、基础性的领域，以及那些经营性服务机构不愿干、干不来的领域开展服务。

五、农村土地流转适度规模评价指标体系构建

陕永杰（2018）应用 AHP 层次结构将"中国农村土地流转适度规模评价指标体系"分为 3 层：第 1 层是目标层 A，即中国农村土地流转适度规模评价指标体系；第 2 层是准则层，即自然 B1、经济 B2、社会 B3；第 3 层是指标层，即区位条件 B11、地形地貌 B12、土地质量 B13、区域人均 GDPB21、农民非农收入比例 B22、城乡居民收入差距 B23、三次产业结构 B24、人均耕地面积 B25、农业生产水平 B26、土地流转收益 B27、农民的文化素质 B31、农村土地流转的中介服务组织 B32、政策扶持 B33。将它们的关系用直线连接起来，构成递阶层次结构（如图 4—1）。①

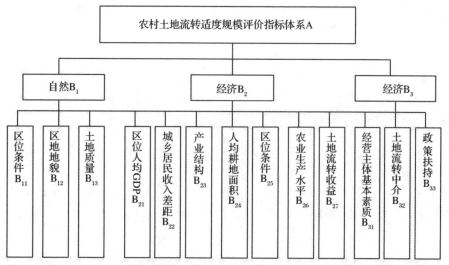

图 4—1　农地流转适度规模评价指标体的递阶层次结构模型

新型农业经营主体的核心内容是农业规模化经营。从规模经济理论来看，

① 陕永杰，薛濡壕. 中国农村土地流转适度规模评价指标体系构建 [J]，江苏农业科学，2018，46 [2]：292～296.

新型农业经营主体是改变以土地分散为基础的小农经济的新型农业组织形式，土地规模扩大带来的规模经济是其发展的内在驱动力。但是，新型农业经营主体的土地规模并非越大越好，应维持"适度规模"，避免规模过大或过小造成的规模不经济。在这种理论视域下，强调土地的"适度规模"在新型农业经营主体资源配置中的基础性作用。然而，农业适度规模经营不仅是某种单一的生产要素规模扩张，更应是多种生产要素的优化配置。从要素配置理论来看，新型农业经营主体培育不仅是扩大土地规模，而且是多种要素与土地要素合理配置、提高要素配置效率的过程，这就使新型农业经营主体培育从注重单一的土地规模扩张向不同生产要素优化组合的内涵扩展，在这种理论视域下，新型农业经营主体个体的要素配置优化是经营利润的动力之源。[①] 发展适度规模经营既不能保守、无所作为，也不能一蹴而就、操之过急。在推进规模经营时，要统筹兼顾增产与增收的平衡、劳动生产率与土地产出率的平衡、效率与公平的平衡，既要避免土地撂荒或经营规模过于碎小，又要防止土地过度集中从而加大就业压力并造成新的农村贫富差距。[②]

---

① 王建华. 新型农业经营主体培育机制：资源错配的经济学分析 [J]. 江苏农业科学，2017，45（7）：303~307.

② 刘浩然. 规模很重要 适度是关键 [J]. 求是，2015，2015，（7）：25~33.

第五章　家庭农场与土地流转

土地流转是指农村集体经济组织或其他集体建设用地使用者通过转包、转让、出租、抵押、入股等多种形式，将集体建设用地的使用权有偿交付给其他经济主体使用的行为。土地流转是为了适应农村生产力的发展，具体原因有：农村发展内生动力催生土地流转，国家的政策法规支持农村土地流转探索，统筹城乡发展刺激土地流转形成。影响土地流转的主要因素有：农村土地流转市场机制尚不成熟，农村社会保障体系阻碍土地流转的发展，农村土地承包经营权主体模糊干扰土地流转的进行，农村土地流转缺乏土地流转的市场场所和平台。应通过完善农村土地产权体系、建立完善农村土地流转信息平台、发展土地流转中介服务组织、完善和健全农村社会保障体系，推进土地自由流转。

一、我国的土地所有制和土地用途

根据我国宪法和土地管理法规定，我国的土地所有制属于二元制结构，土地所有权属于国家或者农民集体。即，从所有权上来看，土地仅可以分为两种：国有土地；农民集体所有的土地。其中，"农民集体所有的土地"又可以分为：村民集体所有；村内两个以上农村集体经济组织的农民集体所有；乡（镇）农民集体所有。

我国实行土地用途管制制度，依用途将土地划分为农用地、建设用地、未利用地三种类型：

一是农用地，包括耕地、草地、农田水利用地、养殖水面、林地等。

二是建设用地，指建造建筑物、构筑物的土地，包括城乡住宅和公共设施用地、工矿用地、交通水利设施用地、旅游用地、军事设施用地等。

三是未利用地，指前两者以外的土地。

二、土地流转概述

土地流转的定义为农村集体经济组织或其他集体建设用地使用者通过转

包、转让、出租、抵押、入股等多种形式，将集体建设用地的使用权有偿交付给其他经济主体使用的行为。[①] 我国土地上的使用权，涉及的词汇有土地承包经营权、宅基地使用权、建设用地使用权、国有建设用地使用权、国有土地使用权、农民集体所有的土地使用权。我们通常所说的农村土地流转，本质上指的是土地利用权利的流转，包括土地承包经营权、宅基地使用权、村镇建设用地使用权三类物权的流转。

我国人口众多，农业人口基数大、发展不平衡，是一个典型的农业大国。而土地资源是农业发展的关键要素，土地利用程度高低、资源配置好坏都决定着农业现代化的程度，也影响农民的收入水平。

新中国成立后，发迹于安徽凤阳县小岗村的家庭联产承包责任制，将我国农业发展从"队生产"改变为"家庭生产"，解放了广大农业生产力，提高了家庭经营效率，有效地提升了我国农业经济发展水平。然而现代经济水平的发展和社会结构的重大转变，使得家庭联产承包责任制的制度优势逐渐弱化，造成了农村耕地细碎化、地块零散化、农户经营规模过小等问题，也使得农户的超小规模经营与现代农业集约化要求的矛盾愈发凸显。正如恩格斯所说："社会一旦有技术上的需要，则这种需要就会比十所大学更能把科学推向前进。"这些问题成为农业进一步发展的瓶颈，但这种障碍随着中国的改革开放引起的生产力发展和社会结构变化，同时也为中国农业现代化提供了重要的发展契机，在此背景下，农村土地流转被寄予厚望。

党的十八大以来，我国已处于经济体制转轨的激烈时期，分割过细的土地产权、各类土地问题敏感性激增、经济发展水平不高等一系列问题，使我国的农村土地流转处于多重约束之下。尽管如此，土地承包经营权流转作为提升农业发展水平的一项创新，在党和政府的密切关注下已经蓬勃展开，随着经济社会的进一步发展，农业生产制度的进一步完善，农村土地流转必然成为我国现代农业建设的中流砥柱，并为整个国民经济的发展提供越来越多的产品。

三、土地流转的原因

农村土地流转的真正原因是农村生产力发展的结果。然而在不同时期，影响农村土地流转的产生与发展的内部元素与外部环境是不同的。就当前看来，内部元素上，改革之初确立的联产承包制能够充分调动农民参与农业生产的积

---

① 湖北省农村土地流转模式研究 [D]. 武汉轻工大学，2014.

极性，充分激发农业生产的活力，农产品的产量与质量迅速提高，解决基本的生存温饱问题，当下的生产力水平促使农业发展在一定程度需要土地规模经营。在外部环境来看，随着社会的发展，农业生产产能遭遇瓶颈，农业生产效益滑坡，与此同时，东部沿海等发达地区由于改革开放的推动，工业发达带来了对务工人员的需求，农民弃田打工。

在这种背景下，为了适应农村生产力的发展，土地流转应运而生。具体的原因如下：

（一）农村发展内生动力催生土地流转

改革开放以来，我国第二、第三产业飞速发展。第二产业的加快发展为农业现代化提供先进高效的农业生产机械和设备，生产效率的提高又可以减少对农村劳动力的需求。同时，市场经济的活跃推动第三产业的发展，促进农业向现代化、规模化和专业化方向转移。农民能够外出务工获得就业机会，为农村剩余劳动力转移提供了可能的需求市场。加之，农产品价格持续低迷，而用在种子、化肥、农药和灌溉用水等生产成本有增无减，使得种田效益十分低下。在城市和沿海劳动力市场开放的情况下，农民纷纷外出打工，一定程度上弱化了农民对土地的依赖程度，大量土地因此撂荒。在打工经济盛行之下，让土地流转到愿意种田的人手中，就成了解决土地撂荒危机的必然选择，在不少农村地区，这是促成承包土地经营权流转的原始动机。流转的动力就在于流转参与各方对利益和效益的不断追求。对于土地流入方或者土地流出方来讲，农村土地流转无非是一次利益重新分配。农村剩余劳动力进城从事非农务工，能够提高收入，改善生活，使得收益最大化；对于流入方来讲，把土地适当集中包给种田能手经营，有与专业化的原料生产基地和高端技术水平相配套的农业适度规模经营，从而达到效益最大化。这些内生动力的出现导致了农村土地流转的发生。[1]

（二）国家的政策法规支持农村土地流转探索

在我国社会发展的不同时期，党和政府从我国农村生产关系和生产力发展要求的实际出发，不停地探索适合国情的农村发展路径，先后出台了允许土地流转的各项政策和法规，使土地流转这一新生事物从试点研究到蓬勃发展起来。1988 年 4 月，第七届人大一次会议通过的宪法修订案对总纲第十条增加

---

[1]　曾琳. 论我国集体土地使用权流转 [C] //福建省土地学会 2009 年年会论文集. 2009.

"土地使用权可以依照法律的规定转让"。1998 年 10 月，党的十五届三中全会决定指出："土地使用权的合理流转，要坚持自主、有偿的原则依法进行，不得以任何理由强制农户转让，少数确实具备条件的地方，可以在提高农业集约化程度和群众自愿的基础上，发展多种形式的土地适度规模经营"。2004 年，国务院颁布《关于深化改革严格土地管理的决定》，其中关于"农民集体所有建设用地使用权可以依法流转"的规定，强调"在符合规划的前提下，村庄、集镇、建制镇中的农民集体所有建设用地使用权可以依法流转"。2008 年 10 月 20 日，十七届三中全会部分承认农民的土地物权中的流转权，农民可以部分获得流转权收益。2013 年十八届三中全会发布的《中共中央关于全面深化改革若干重大问题的决定》提出赋予农民更多财产权利，要求建立农村产权流转交易市场，推动农村产权流转交易公开、公正、规范运行。2014 年，中共中央办公厅、国务院办公厅印发了《关于引导农村土地经营权有序流转发展农业适度规模经营的意见》，并发出通知，要求各地区各部门结合实际认真贯彻执行。《意见》要求大力发展土地流转和适度规模经营，五年内完成承包经营权确权。这些法律和政策为农村集体土地流转形成提供了法律支撑，并在一定程度上引导、支持和推进了农村土地流转的发展。

（三）统筹城乡发展刺激土地流转形成

为改变"城市工业、农村农业"的二元思维方式和经济结构，解决新时期我国城市和农村存在的问题，将城市和农村的发展紧密结合起来考虑，统筹城乡发展的战略应运而生。其目的在于从机制和制度上保障城乡统一发展，实现社会和谐，促进共同富裕，最终实现城乡一体化。城乡一体化是指在保持城市和农村各自特点的基础上逐渐消除城乡二元经济社会结构体制，赋予农民平等的机会和待遇，形成和谐的新型关系。[1] 然而即使在经济高度发达的国家和地区，农业和农村也不可能消亡。

统筹城乡发展的核心是实现城乡经济的均衡发展。当前我国实行的家庭联产承包经营责任制，从颁布一直延续到现在，并没有根据社会的发展进行根本性变革，导致农村大量的土地资源分散、闲置，未能得到科学合理的有效使用。同时，随着工业化、城市化的推进，大量农民涌入城市从事非农务工工作，主要家庭收入来源均为非农务工收入，直接导致了农村耕地的荒芜弃耕，可供使用的土地供给数量激增亟待流转。如何吸引社会各类主体同时参与，各

---

① 何立胜. 城乡统筹发展的土地流转制度改革 [J]. 中国浦东干部学院学报，2010（4）：62～67.

个领域协调发展，充分调动各参与主体的积极性和主动性，推动农村经济的发展，迫切要求充分发挥土地资源要素的核心作用，满足城乡统筹发展过程中各类参与主体的基础性要求。不仅包括农业生产领域，而且还包括农村工业、农村公共事业及农村小城镇建设等的方面。因此，在满足统筹城乡发展过程中各参与主体对土地资源要素的基础性需求，是实现统筹城乡发展的最根本体现，也是链接农村土地流转与统筹城乡发展的最根本点。①

四、影响土地流转的主要障碍

尽管土地流转依托于沿海城市工业和服务业的迅速发展而逐渐成熟，规模和速度有了较大的提升，呈现出新的特点，但现行的土地流转制度与政策仍存在许多亟须解决的问题，难以适应现代农业的发展要求，主要表现在如下几个方面。

（一）农村土地流转市场机制尚不成熟

研究发现，尽管目前农村土地流转的规模和速度较有提升的态势。但是，农村土地流转的市场机制依然尚未成熟，土地流转的作用并没有真正发挥。就目前情势而言，我国农村土地流转占主体的还是自发的、低水平的及农户内部流转情况较多，通过土地流转发展现代农业的较少。已经流转的土地规模虽大，但非正式、不规范的流转比例仍然较大，存在一定的风险。如不签订土地流转合同，不约定土地流转期限或土地流转期限超过了土地承包期，不确定土地流转违约责任，没制订土地流转风险的防范措施等。② 这种规范程度不高的土地流转不但容易导致纠纷，而且产生纠纷以后处理起来非常困难。村集体及基层乡镇农业管理部门对农村土地流转的态度大多是不闻不问，能够从当地实际出发，认真积极地推动农村土地流转干部少之又少。即使规模化的土地流转，许多都是在乡村集体组织和地方政府的干预或直接推动下进行的。土地流转市场自身动力的欠缺阻碍了土地流转实现农业适度规模经营。

（二）农村社会保障体系阻碍土地流转的发展

2002 年党的十六大报告提出"统筹城乡发展"思想，并开始实施一系列

---

① 刘卫柏. 我国农村土地流转机制研究［D］. 中南大学，2013.

② 曾福生. 推进土地流转发展农业适度规模经营的对策［J］. 湖南社会科学，2015（3）：154～156.

"工业反哺农业、城市反哺农村"政策，在农村逐步建立和完善了新型农村合作医疗、新型养老保险以及针对农村困难群体的最低生活保障等制度，而且逐年提高了保障的标准。

然而深受"土地是养老保障"这一传统观念影响的农户，尤其是普通的小规模经营散户，在面对土地流转时抱有怀疑甚至抗拒的心理，使得农民不太愿意流转土地，也不太敢流转土地，当土地流转的费用（租金）低于农户的预期时，很可能直接放弃土地流转的计划。在发展落后的地区，地仍然是农民的基本社会保障，绝大多数农民仍然需要依靠土地获得收入和保障。因此，在农村地区社会保障体系尚未完善、保障水平不高时，土地流转主体的积极性、主动性都将大打折扣。

（三）农村土地承包经营权主体模糊干扰土地流转的进行

界定清晰、完整的承包经营权权能是土地流转市场形成发展的前提。从目前实践来看，农村土地存在权属不清、面积不准的情况，甚至少部分土地的权属关系还存在争议。农村土地集体所有权的集体概念模糊，极易在村委会干部和本村农户之间发生分歧。我国宪法从根本上确认了我国农村土地的集体所有权。《民法通则》第74条将集体界定为村集体和乡（镇）两级所有。土地管理法中则将集体界定为村民小组、村集体和乡（镇）三级所有。由于法律对农村集体概念的界定不清，内涵模糊，在实践中经常呈现利益主体多元或所有权权属不清的缺陷，导致对农村土地资源要素负责的主体形同虚设。在农村土地所有权规定属于集体所有的情形下，即使发生侵害农民土地承包经营权的情形，也缺乏明确代表农民利益的组织（团体）来维护其权益，极易导致农民合法利益受损。因此，当前土地承包经营权权能面临的主体不明确、权属界限模糊、权利交易受限等问题，既抑制了土地承包经营权的流转，又没有实现农民的土地财产权收益。

（四）农村土地流转缺乏土地流转的市场场所和平台

准确便捷的土地流转供需信息是现代农业发展的应有之意。当前我国的土地流转大多是在散户之间进行的，或者是通过村集体力量来推动"散户—大户"的土地流转路径。但在实际操作中，散户和大户之间在生产经营规模、效益和理念等方面存在很大差异，因而两者的土地需求与供给信息很容易出现不对称，由此会引发较高的土地流转交易成本，使得"散户—大户"的土地流转路径很难有效形成。[①] 由于缺乏土地流转市场的场所和平台，有流转意愿的农户散户不会专门为出租或转让自己的几亩土地而寻找陌生的大户；有流转需求的经营大户因规模化、现代化经营的要求，需租赁连接成片的大桩土地，也不会单独为个别散户专门进行谈判沟通。即使不少地方政府和村集体在土地流转的过程中发挥了不少纽带作用，但因运作过程的随意性和无序性，尚未形成有效的、可供复制和推广的供需平台经验。由此可见，缺乏土地流转的市场平台、有效信息和纽带服务，是导致土地供需双方土地流转受阻的重要原因。

五、土地流转规模化经营的切入点研究

针对当前我国农村土地流转现状，通过对农村土地流转制度与政策改革创新，有条件的地方大胆探索、积极试验，条件暂不允许的地方继续在家庭联产承包责任制下稳步发展。推进农村土地规模化经营，是加快现代农业发展步伐的关键所在。

（一）完善农村土地产权体系

当前我国的农村土地在事实上存在"三权分立"的局面，即土地归村"集体"所有（所有权）、农民按户承包（承包权）、土地经营权可以自由流转（经营权）。土地经营权是由承包权派生出来的，土地经营权与承包权的分割是在农户将承包期内的土地使用权限让渡给他人时发生的。农村土地"三权分立"的局面决定了农民拥有的土地承包权类似于一种具有物权属性的财产权利。从某种角度来看，土地承包权还具有将土地所有权在社区"集体"与农户之间进行分割的功能，[②] 因而具有了一部分土地所有权的性质。在农地集体所有制暂时不可抛弃的背景之下，完善农村土地产权体系，明确土地承包权的物权属性，由共同所有转向按份共有后，实行农民永久化租用，使广大农民成为真正的土地流转利益主体。如此设定后，便于土地要素在城乡间的自由流动，保障土地流转主体利益。

（二）建立完善农村土地流转信息平台

农村土地流转信息、土地基础资料的完善与准确是保障土地流转顺利进行

① 黄祖辉、王朋. 农村土地流转：现状、问题及对策——兼论土地流转对现代农业发展的影响[J]. 浙江大学学报（人文社会科学版），2008（3）：38～47.

② 黄祖辉：《论农户家庭承包制与土地适度规模经营》[J].《浙江社会科学》1999（4）：6～11.

的一项关键性的基础性工作。2011 年，国土资源部、财政部、农业部联合下发了《关于加快推进农村集体土地确权登记发证工作的通知》，对农村集体土地所有权和集体土地使用权等土地权利的确权登记发证，农村集体土地使用权包括宅基地使用权、集体建设用地使用权等，农村集体土地包括属于农民集体所有的建设用地、农用地和未利用地。通过对农村集体土地确权登记，稳定农村地权，保障农户现有土地利益，在信息化、数据化的技术支持下形成健全的农村土地基础资料系统。完善的农村土地基础资料也是解决争议的关键证据，如解决土地流转过程中发生争议、引发矛盾等纠纷现象。

在基础资料完善的基础上，探索开发农村土地流转的统一信息发布平台，达到有效降低土地流转供需双方交易成本，促进双方顺利交易的目的。在信息平台上发布流转信息，需经平台管理员审核把关真实性、准确性后方可发布。发展成熟时，可以联通全国统一的信息发布平台，实现异地数据信息共享，提高土地流转信息化水平。

(三) 发展土地流转中介服务组织

发展、培育和健全农村土地流转中介服务体系，是发展现代化农业的客观要求。通过建立一个土地国家宏观调控与土地微观市场化运作相结合的土地流转机制，充分发挥市场机制在土地流转中的作用，能够有效提升土地流转的交易率和成功率。因此，需要进一步完善中介服务组织，形成"土地流出—中介服务组织—土地流入"的土地流转机制，[1] 在农村土地流转统一信息发布平台的基础上，通过机制健全、运作高效的土地流转中介服务组织，为土地供需双方提供准确的交易信息，变土地流转"散户—散户"的随意对接为"散户—中介服务—大户"的市场化流动转变，提升土地流转的成功率，形成可推广复制的高效化土地流转模式，加速培育规范统一的农村土地流转市场。[2]

(四) 完善和健全农村社会保障体系，推进土地自由流转

通过分步骤、分阶段地在全国范围内建立覆盖全部农村地区、中央与地方相配合的社会保障体制，使农户逐步摆脱传统经济格局束缚，满足农户的长期保障需求。从农户的现实需要入手，完善涉农医疗和最低生活保障的基本制

---

[1] 黄祖辉：《农地股份合作制：土地使用权流转中的制度创新》[J].《浙江社会科学》2001 (5)：41～43.

[2] 吴娜. 当前我国农村土地流转中存在的问题反对策分析 [J]. 法制与社会，2009 (14)：282～282.

度，提供其生活必需的基本医疗保险，提高农民医疗保险报销比例，减少农民个人支出。积极支持和引导各种途径筹集农村养老金和农村统筹金，通过国家财政的预算拨款拨付一部分、地方政府财政配套资金注入一部分、社会各界捐赠一部分、农户自行负担一部分，调动农户的参与积极性。此外，要对各项涉农保障资金的拨付与使用进行严格管理与监督。通过各种途径形成合力，逐步消除土地的社会保障功能，解除农户主体对土地自由流转的思想顾虑。

第六章　家庭农场与现代农业新业态

家庭农场源自欧美，世界上绝大多数已经实现农业现代化的国家，虽然其农业生产发达，生产技术先进，普遍采用机械化生产，但仍采用了以家庭为主体的单位来从事农业生产。美国、法国和日本的家庭农场发展历程均表明，现代农业基础设施投入大，大宗农产品属于标准品，规模经营能够降低农产品平均成本，有助于提升农业的国际竞争力。目前，我国家庭农场已形成五种模式。家庭农场与专业大户、农民合作社、农业产业化龙头企业等存在明显不同特征。现代农业出现的新的经营模式和新兴业态有利于家庭农场的发展。

农业经营模式是农业发展的重要内容，包括制度方面的经营形式和技术方面的经营方式等内容。推动农业技术进步的目标之一是创新农业经营模式。工业发展带动了全世界的产业革命，农业也应趁势利用新的科技观念与手段进行改革。应进一步加强农技推广服务、健全现代农业科技推广体系，推广应用现代农业科技，培育智慧农业相关新兴技术和服务产业，创新农业经营模式和业态，促进传统农业向现代农业的转变。未来农业产业发展需要更专业的生产管理与专业的商业管理分工。应注重生产专业化和营运企业化，形成农业生产者与相关企业的伙伴合作模式，结成利益共同体。

一、发达国家家庭农场模式[1][2]

（一）美国：大中型家庭农场

美国农业生产高度发达且极具竞争力，其从事农业生产的人员不到全国总人口的 2%，却满足了 3 亿美国人的食物需求，并是全球谷物出口大国。据统

---

[1] 根据 https://baike. baidu. com、https://www. tuliu. com、http://www. sohu. com 相关资料汇编而成。

[2] 丁忠民，雷俐，刘洋. 发达国家家庭农场发展模式比较与借鉴 [J]. 西部论坛，2016，26 (2)：56~64.

计，截至 2010 年，美国约有 220 万个农场，占地面积高达 9.2 亿英亩，农场
的平均面积为 418 英亩，其中家庭农场占到了 87％左右。美国的农业以家庭
农场为主，由于许多合伙农场和公司农场也以家庭农场为依托，因而美国的农
场几乎都是家庭农场。可以说，美国的农业是在农户家庭经营基础上进行的，
具有如下特点。

1. 经营规模化和组织方式多样化

从经营规模来看，其发展与趋势表现为农场数目的减少和经营规模的扩
大。20 世纪以来，美国家庭农场在数量上上升至 89％，拥有 81％的耕地面
积、83％的谷物收获量、77％的农场销售额。美国家庭农场逐渐由数量优势向
经营规模优势过渡，这种逆向发展模式更合乎规模经营的要求。家庭农场根据
不同农产品特性采用相应的生产种植模式，这样既提升了资源利用率，也节约
了经营成本，从而实现了整体经济效率的提高。

2. 生产经营专业化

美国国土辽阔、资源丰富，但地区差异明显，矛盾凸显。为趋利避害，美
国规划出十个"农业生产区域"，每个区域主要生产一两种农产品。北部平原
是小麦带，中部平原是玉米带，南部平原和西北部山区主要饲养牛、羊，大湖
地区主要生产乳制品，太平洋沿岸地区盛产水果和蔬菜。就是在这种区域化布
局的基础上，建立和发展了生产经营的专业化。这种方式既规避了家庭农场因
产品结构单一所造成的不利影响，也实现了农业生产的多元化。

3. 生产合作化

商品化程度的提高必然会促进生产分工，进而推进服务专业化，农业服务
机构应运而生。农场主通过合同方式，赋予农业服务机构农产品生产、加工、
运输、销售等权利，转嫁风险，提前锁定利润，主动规避市场波动可能造成的
损失。

4. 社会化服务体系完善

政府、农场主、私营企业是社会化服务的主要供给者，三个主体相互补
充，相互协调，构建了一套完善的农业社会服务化体系。注重农业技术进步与
推广，进行科学高效的生产，实现农业生产无人工操作，极大地提高了农产品
的产量和生产效率。同时，农场信息化程度高。农场主可以通过互联网及时掌
握农业发展信息，科学制订合理种植方案，确保农业生产周期与产品市场有效
衔接，实现利润最大化。多层次、多功能的融资体系为家庭农场提供了多样化
的融资服务。

（二）法国：中型家庭农场

西欧国家有着相对丰富的农业资源，人口密度大导致人均耕地面积少。它们通常凭借自身的经济、技术等优势，合理而充分地利用农业资源，克服其人均耕地面积狭小的缺陷，集中发展中小型家庭农场，推动现代农业高速发展。

法国是西欧国家的代表。法国虽然人多地少，但它却是欧洲乃至世界的农业强国，被视为欧盟农业经济的领导力量，其加工农产品出口额高居全球第一。作为法国农业最基本的经营组织形式，以中小型为主的家庭农场在法国农业发展中发挥了十分重大的作用。

法国农场专业化程度很高，经营形式是以单一专业化农场为主，混合专业化农场为辅，包括畜牧农场、谷物农场、水果农场和蔬菜农场等。目前，法国有各类家庭农场 66 万个，平均经营耕地 42 公顷，其中 60％的农场经营蔬菜、11％的农场经营花卉、8％的农场经营蔬菜、5％的农场经营养殖业和水果，其余为多种经营。75％以上的家庭农场劳力由经营者家庭自行承担，仅 11％的农场需雇佣劳动力进行生产。法国家庭农场拥有完善的双层经营体制。法国的农业合作社在政府和农场主之间扮演着重要的角色，是政府与农场主沟通的桥梁和媒介。法国的农业合作社是随着家庭农场的发展而衍生出来的，旨在为家庭农场提供服务。政府率先通过政策性引导鼓励家庭农场加入农业合作社，这种家庭农场与合作社合作的双层经营体制成为法国农业发展的一大特色。另外，法国政府大力扶持家庭农场，如在土地政策方面，为集中土地实现家庭农场规模化，政府设立了专业机构和专项基金，以激发农场主扩大经营规模的意愿，同时也用于完善对失去土地农民的社会保障；在农业技术推广方面，政府通过强化农业技术科研工作以及引进先进技术，不断革新农机具，加速实现农业机械化，提高家庭农场生产现代化水平；在农业信贷方面，政府对涉农资金实行低利率贷款政策，同时还延长贷款期限，创新丰富农贷品种，扩大农贷规模，以提高家庭农场生产经营规模；在农业教育方面，政府出资设立了农业中学，并免费为农场继承人提供培训教育，只有考核通过的学员才能获得从事农场经营的资格。

（三）日本：小型家庭农场

东亚模式基本属于资源短缺型的发展模式，以日本农业现代化为主要代表。日本农业资源的特点是人多地少，劣势在于可耕种土地资源短缺，优势在于有比较先进的生物科技和小型机械。

日本农业现代化主要借助高度农业科技优势，开展较小规模家庭经营的精耕细作，以农业科技弥补资源短缺为主要方式，以提高土地生产率为基本目标的节约土地型发展模式。这一模式的主要特点是高科技、高投入和高度集约化经营。韩国、以色列、中国台湾等都属于这种发展模式。1946－1950 年，日本政府采取强硬措施购买地主的土地转卖给无地、少地的农户，自耕农在总农户中的比重占到了 88%，耕地占到了 90%，并且把农户土地规模限制在 3 公顷以内，并于 1952 年制定了《土地法》，把以上规定用法律形式固定下来，从此形成了以小规模家庭经营为特征的农业经营方式，形成了农地所有权和使用权的结合的特点。20 世纪 70 年代开始，日本政府连续出台了几个有关农地改革与调整的法律法规，鼓励农田以租赁和作业委托等形式协作生产，以避开土地集中的困难和分散的土地占有给农业发展带来的障碍因素。以土地租佃为中心，促进土地经营权流动，促进农地的集中连片经营和共同基础设施的建设。以农协为主，帮助核心农户和生产合作组织妥善经营农户出租或委托作业的耕地。这种以租赁为主要方式的规模经营战略获得了成功，也形成了农业所有权和使用权分离的特点。

二、我国家庭农场发展已经形成五大模式[1][2]

在 20 世纪 80 年代末，就有农户通过承包或转包方式取得较大面积的土地经营权，进行适度规模经营，当时称为"种粮大户"或"专业养殖户"，实际是家庭农场的雏形。目前，我国具有一定规模的家庭农场主要在经济发达的东南省区和城市郊区，代表地区有上海市松江区、浙江省宁波市、安徽省郎溪县、湖北省武汉市和吉林省延边市。浙江省宁波市的家庭农场为我国最早兴起的一批家庭农场；湖北省武汉市主要是以城市郊区农场主为主，发展速度较快；吉林省延边市、安徽省郎溪县主要是大宗作物种植户，经营规模较大。

(一) 松江模式：建立规范统一的土地流转方式

自 2007 年起，为了应对农业劳动力非农化和老龄化的趋势，上海市松江区开始实践百亩左右规模的家庭农场模式。上海市松江区家庭农场一直强调规范土地流转，以"依法、自愿、有偿"为原则，推行农民承包土地委托村委会

---

① 王新志，杜志雄. 我国家庭农场发展：模式、功能及政府扶持 [J]. 中国井冈山干部学院学报，2014（5）：107～117.

② 陈祖海，杨婷. 我国家庭农场经营模式与路径探讨 [J]. 湖北农业科学，2013，52（17）：4282～4286.

统一流转的方式，家庭农场经营者则在农民自愿提出申请的基础上实行民主选拔。同时，培育引导农民专业化，发展种养结合、机农一体的家庭农场，鼓励对优质家庭农场延长承包期限。其重要意义在于为我国提供了一个特大型城市在后工业化阶段发展现代规模农业的典型样本。松江模式主要有以下特征。

1. 家庭经营

家庭农场经营者原则上必须是本地农户家庭，且必须主要依靠家庭成员从事农业生产经营活动；不得常年雇用外来劳动力从事家庭农场的生产经营活动。

2. 规模适度

全区共有家庭农场 1267 户，经营面积 15.02 万亩，占全区粮田面积的88.8%，户均经营面积 118.6 亩。

3. 农业为主

松江粮食生产家庭农场最大吸引力在于，依靠农业为主的专业生产经营业能增收致富，2013 年家庭农场平均净收入 10 万元左右，种养结合家庭农场平均净收入可达 15 万元左右。

4. 集约生产

通过耕地流转，将土地、劳动力、农机等生产要素适当集中，实现集约化经营、专业化生产。

（二）宁波模式：市场自发引入竞争

宁波作为最早探索发展家庭农场的地方之一，其家庭农场发展的最大特点是市场自发性。20 世纪 90 年代后期，一些种植、养殖大户自发或在政府引导下，将自己的经营行为进行工商注册登记，寻求进一步参与市场竞争的机会，从而演变成"家庭农场"。宁波模式主要有以下特征：

1. 经营规模适中

种植类农场生产规模基本在 50 亩到 500 亩之间，占 90% 以上，平均每个农场 3 名雇工，基本涵盖了粮食、蔬菜、瓜果、畜禽等主导产业，从事种植业生产的有 456 家，占 66.4%。

2. 家庭农场主综合素质较好，管理水平较高

绝大部分农场主产业规模都是从小做到大，专业知识、实践技能较强，懂经营，会管理，有不少农场主是购销大户或农产品经纪人，市场信息灵，产销连接紧密，产品竞争力强。

（三）安徽郎溪模式："三驾马车"拉动家庭农场发展

早在 20 世纪 90 年代，郎溪县家庭农场就开始萌芽。近年来，郎溪县工业

化城镇化步伐明显加快，离土进城务工的人越来越多，为一家一户的小规模种植向适度规模经营提供了条件。农民主体、政府扶持、协会帮助，"三驾马车"拉动了家庭农场发展。郎溪县建立了对家庭农场相对完善的政策体系，从认定、注册、技术扶持、资金支持、标准化管理等方面形成了一整套办法。首创家庭农场注册登记制度，为明确家庭农场的市场法人地位扫清了障碍。成立的家庭农场协会与多家银行成功接洽，每年举办数场家庭农场与银行的对接会，并推出家庭专项贷款产品。不仅可以会员联保，还可由协会担保。郎溪县成立家庭农场协会是其家庭农场发展的重要创新。为使家庭农场由单打独斗的"游击队"转变为协同作战的"集团军"，成立了"郎溪县家庭农场协会"，遴选了产业代表性强、规模较大、辐射带动作用明显且有一定影响力的家庭农场主为会员，让家庭农场抱团，破解家庭农场融资困难，共享技术培训和市场信息。

（四）武汉模式：细化扶持政策

武汉是国内较早推行家庭农场经营模式的地区之一。2011 年起，武汉市开始发展家庭农场，主要有 4 种类型：种植业家庭农场、水产业家庭农场、种养综合型家庭农场和循环农业家庭农场。申报的家庭农场主必须是武汉市农村户籍、从事农业生产发展的农户，具有高中或相当于高中以上文化水平等。创办方式上鼓励农村一些有文化、懂技术、会经营的农民，通过承包、投资入股等形式，集中当地分散的土地进行连片开发。与传统的农户种植不同，这些家庭农场以市场为导向，选择的蔬菜品种均为国内外名优蔬菜品种；设施以钢架大棚、水泥棚、竹棚为主，施肥以农家肥、有机肥、微生物肥料为主。所生产的农产品除自行销售外，还可以进入净菜上市配送系统卖进超市，条件具备的农户还可将休闲观光与采摘结合起来。武汉市对这 4 类家庭农场提出了具体要求：种植业家庭农场要求适度规模种植优质稻、油菜、鲜食玉米、蔬菜、西甜瓜等品种，蔬菜和粮油作物种植面积分别为 50 亩以上和 100 亩以上，机械化作业水平达到 60％以上，实行标准化生产。水产业家庭农场要求标准精养鱼池达到 60 亩以上，名特优养殖品种率达到 70％以上，机械化作业水平达到 60％以上，有稳定的技术依托单位和一定的生产设施。种养综合型家庭农场要求农场主进行种植业、水产业等综合经营，以种植业为主，其他产业经营达到相应土地规模标准下限 50％以上。循环农业型家庭农场要求以家庭为单位建成规模型畜牧养殖农场，功能分区明显，畜禽饲养、排污等配套设施齐全。同时流转土地进行种植业生产，实行"畜禽—沼—种植"的循环农业模式。

（五）延边模式：催生融资新模式

延边因地处中朝边境，许多当地人常年在韩、日等邻国打工，当地务农人口迅速减少。与之相应的是土地流转呈现加速趋势，农村土地经营权自发向种地大户集中。从 2008 年开始，延边州在全州范围内探索"家庭农场"模式，推动农村种田大户、城乡法人或自然人通过承租农民自愿流转的承包田创办的土地集中经营的经济组织。在起始阶段，延边州出台了包括贷款贴息、财政补贴、农作物保险等在内的七项优惠政策，扶持家庭农场快速成长。对于农民流转土地进城后的生活，延边州在医疗、养老等保障方面推出一系列措施。比如，在进城之前参加"新农保"的可继续保留原来的保险关系，并在进城之后享受相应的养老保险待遇；没有参加"新农保"的，进城之后可以逐步纳入城镇职工基本养老保险或城镇居民社会养老保险范围，逐步在医疗、养老等各个方面享受同等市民待遇。2012 年，吉林省延边州尝试开展土地收益保证贷款的融资模式，在不改变土地所有权性质和农业用途的前提下，农户自愿将部分土地承包经营权转让给政府成立的公益性平台公司，并与其签订经营转让合同；该公司再将土地转包给农民经营，并向金融机构出具共同偿还借款的承诺；金融机构按照统一的贷款利率，向农民提供贷款。针对专业农场等规模经营主体生产所需资金量大而抵押物不足的情况，延边州在 2011 年创新了农村土地经营权他项权证抵押贷款。2012 年创新了"县市农业局＋银行＋担保公司"联合推荐担保贷款新产品，2013 年在各县市成立了物权融资公司，开辟了农村土地收益保证贷款。

三、我国家庭农场与其他农业组织的比较[①]

新型农业经营主体是建立于家庭承包经营基础之上，适应市场经济和农业生产力发展要求，从事专业化、集约化生产经营，组织化、社会化程度较高的现代农业生产经营组织形式，主要包括专业大户、家庭农场、农民合作社、农业产业化龙头企业等类型。

作为一种农业制度和一种新型农业组织，家庭农场与专业大户、农民专业合作社和农业企业等形式既有相同点又有显著的区别。

---

① 屈学书. 我国家庭农场发展问题研究 [D]. 山西财经大学，2014.

（一）家庭农场与专业大户的区别

专业大户是指承包的土地达到一定规模，并具有一定专业化水平的新型农业生产经营主体。首先，专业大户是当前农村产业组织创新的阶梯，与自然农户相比，专业大户经济突破了家庭的生产边界，拥有较多的设备和较先进的技术，是农村生产关系调整、农业生产经营形式创新和农户整合变异的产物，是农村先进生产力的代表。专业大户种养规模要明显大于传统农户或一般农户，而且围绕某一种农产品从事专业化生产，因而规模大、专业化是其典型的特征。其次，专业大户本质是农户，是自然人身份，不需要进行工商注册登记，主要以某种农产品的初级原料生产为主，较少进入加工流通领域，品种相对单一。专业大户的土地来源除了自己承包土地外，也可通过土地流转的方式获得所需规模土地，一般会有季节性雇工或常年雇工。因自然人属性，专业大户在银行信贷、业务谈判、市场经营中与经济法人相比处于劣势，一定程度上影响了自身的发展。与专业大户相比，家庭农场是以家庭成员为主要劳动力，但所从事的规模化、集约化、商品化生产经营程度要高，并以农业收入为家庭主要收入来源的新型农业经营主体。另外，家庭农场的适度规模一般要比专业大户大，经营所流转的土地稳定期更长。

家庭农场一般需要进行工商注册登记确认，从行为上使家庭农场更加规范。工商登记使家庭农场的市场主体地位更明确，经营行为更受法律保护，也有利于家庭农场获取贷款和品牌创建，以"企业化"的方式进行规范化管理，并且可以享受在财政、税收、信贷、保险等方面的优惠政策，以及由农业相关部门配套的优惠政策。家庭农场不仅重视生产，还要重视经营。部分专业大户有条件后可以转化为家庭农场，可以说家庭农场是更加制度化和规范化的专业大户。

（二）家庭农场与农民专业合作社的区别

我国在《中华人民共和国农民专业合作社法》的第一章总则第二条对农民专业合作社进行了简要的定义，包括两个方面的内容：一方面，从概念上规定合作社的定义，即"农民专业合作社是在农村家庭承包经营基础上，同类农产品的生产经营者或者同类农业生产经营服务的提供者、利用者，自愿联合、民主管理的互助性经济组织"；另一方面，从服务对象上规定了合作社的定义，即"农民专业合作社以其成员为主要服务对象，提供农业生产资料的购买，农产品的销售、加工、运输、贮藏以及与农业生产经营有关的技术、信息等服务"。与家庭农场相比，虽然两者都实行适度规模经营，但实现规模经营的前提和方式有较大区别。

1. 两者实现规模经营的前提条件不同

农民专业合作社，是在不变更现有农户农业生产经营的前提下，通过同类农产品农户的联合，进行农业的适度规模经营，农户依然从事农产品生产经营活动，没有离开土地，也没有实现从第一产业向二三产业的转型。家庭农场是在农民由农业向非农业转型的前提下，通过土地流转的方式，让继续从事农业的农民扩大耕地面积，实现土地的适度规模经营。随着工业化的发展，在第二三产业不断发展的基础上，逐步减少第一产业劳动者数量的比重，使农民实现非农转型。另外，随着工业化、城镇化的发展，二三产业为农民的非农业转型创造了大量的就业机会，城镇教育、医疗、卫生、社会保障制度的不断完善也为农民的非农业转型提供了相关的制度保障，实现了从农民到市民的转变。劳动力从第一产业转移到二三产业，农民变为市民可不是单纯的农业人口移动，而是农民从经济地位到社会地位等方面发生脱胎换骨的转变，由农民向非农民转型的过程。工业化进程带动了农民的转型，农民的非农转型为农村土地流转提供了客观基础。家庭农场就是在农民的非农转型、土地流转的前提下，通过耕地的适度规模经营，实现了农民人均土地规模的扩大。家庭农场也为继续"留守"农村从事农业生产经营的农民向新型农民转型奠定了基础。

2. 两者实现规模化的途径不同

农民专业合作社主要是通过联合生产经营同类农产品的农户或企业的方式实现了农业的适度规模经营。其规模的扩大主要是通过联合分散农户实现的，是在农民没有离开土地，农民人均土地规模也没有扩大的基础上实现的规模化。我国《农民专业合作社法》中明确合作社的成立条件之一是至少需要 5 名以上符合相关规定的成员。农户可以在不流转土地，继续从事原先农业生产，但与合作社签订农产品购销合同的条件下加入合作社，形成合作社经营规模；也可以通过将土地流转给合作社，由合作社统一集中连片经营的方式加入合作社，形成合作社规模。农民专业合作社在农业经营体系中是联结农户、企业和市场的桥梁和纽带。未加入合作社前，农户较为分散、弱小，抵御市场风险的能力差，合作社将农户组织起来壮大规模，以多元化合作的方式共同参与市场竞争。家庭农场的适度规模是在农民实现非农业转型，大量减少农业人口的条件下，农场经营者通过土地流转方式获得集中连片土地的经营权实现农场内部自身规模的扩大，是在农民人均土地规模扩大的基础上实现的规模化。

3. 两者成立的条件不同①

2006 年 10 月，全国人民代表大会常务委员会通过的《中华人民共和国农民专业合作社法》规定：有五名以上符合规定的成员，即具有民事行为能力的公民，以及从事与农民专业合作社业务直接有关的生产经营活动的企业、事业单位或者社会团体，能够利用农民专业合作社提供的服务，承认并遵守农民专业合作社章程，履行章程规定的入社手续的，可以成为农民专业合作社的成员。但是，具有管理公共事务职能的单位不得加入农民专业合作社。应当置备成员名册，并报登记机关。农民专业合作社的成员中，农民至少应当占成员总数的百分之八十。成员总数二十人以下的，可以有一个企业、事业单位或者社会团体成员；成员总数超过二十人的，企业、事业单位和社会团体成员不得超过成员总数的百分之五。有符合本法规定的章程；有符合本法规定的组织机构；有符合法律、行政法规规定的名称和章程确定的住所；有符合章程规定的成员出资。

家庭农场要以家庭为基本经营单位，经营规模适度并保持稳定，经工商登记注册，年经营 25 万元以上，有较完整的财务收支记录。接受社会化专业服务，经营效益较好，不同类型的家庭农场参考标准如下：

种植业：经营流转期限 5 年以上，并集中连片的土地面积，达到 30 亩以上。其中，种植粮油作物面积达到 50 亩以上，水果面积 50 亩以上，茶园面积 30 亩以上，蔬菜面积 30 亩以上，食用菌面积达到 1 万平方米，或 10 万袋以上。

畜禽业：生猪年出栏 1000 头以上，肉牛年出栏 100 头以上，肉羊年出栏 500 只以上，家禽年出栏 10000 只以上，家兔年出栏 2000 只以上。

水产业：经营流转期限 5 年以上，且集中连片的养殖水面达到 30 亩以上，特种水产养殖水面积达到 10 亩以上。

林业：山林经营面积 500 亩以上，苗木花卉种植面积 30 亩以上，油茶 80 亩以上，中药材种植 30 亩以上。

烟叶：种植面积达 200 亩以上。

综合类：种养结合的综合性农场，应含种植业、畜禽业、水产业、林业、烟叶类型中的 2 种以上，并且每种类型达到相应规模的二分之一以上。旅游、特色种植、休闲观光为一体的综合性农场，面积 10 亩以上，餐饮住宿设施齐全。

---

① 参见《中华人民共和国农民专业合作社法》

4. 两者的经营方式不同

我国目前的农业经营模式主要概括为两种：家庭经营模式和企业经营模式。农民专业合作社本质上并不是一种经营模式，而是一种经济联合体，但现实中较普遍的"企业＋合作社＋农户""公司＋合作社＋农户"等合作社模式已形成了事实上的企业经营模式。

家庭经营要比企业经营更有效率。因为家庭是以血缘、婚姻、亲缘等为纽带形成的较为稳定的一种组织形式。家庭本身就具有生产性，家庭亲情使家庭成员之间存在利他主义倾向。家庭成员之间信息、资料、产品共享，几乎不存在明显的信息不对称。为了家庭的长远发展，家庭成员有着高度一致的共同目标，相互信任，彼此了解，为了共同目标，会人尽其能，物尽其用，有较高的生产效率。家庭成员之间的互惠性质使家庭生产中不存在复杂的劳动计量、监督和管理。减少了许多的监督和管理成本，适合农业生产自然性强，劳动分散，不易监督等特点，是农业生产先天最适的组织。

（三）家庭农场与农业企业的区别

企业是指以利润最大化为主要目的，运用各种生产要素（土地、劳动力、资本、技术和企业家才能等），向市场提供商品或服务，实行自主经营、自负盈亏、独立核算的具有法人资格的社会经济组织。农业企业是指通过种植、养殖、采集、渔猎等生产经营而取得产品的营利性经济组织，是我国农业生产经营活动的重要组织形式。其本质也是以盈利为主要目的的经济组织，符合企业的一般特征。农业企业组织形式一般可分为合作制的农业企业（如农业合作社等）和公司制农业企业两种类型。我国实行农村土地集体所有的条件下，农业企业的生产要素投入以外来要素为主，自有生产要素较少。农业企业的土地来源主要依靠租赁，农业企业所需的农业劳动力主要以雇工为主，企业主很少直接从事农业生产劳动，而以管理性劳动为主，农业企业的资本也有相当一部分以外投资本为主，并且有明晰的资本收益率。

农业企业的特点是：土地是农业生产的重要生产资料，是农业生产的基础；农业生产具有明显的季节性和地域性，劳动时间与生产时间的不一致性，生产周期长；农业生产中部分劳动资料和劳动对象可以相互转化，部分产品可作为生产资料重新投入生产；种植业和养殖业之间存在相互依赖、相互促进的关系，从而要求经营管理上必须与之相适应，一般都实行一业为主，多种经营，全面发展的经营方针；农业生产不仅在经营上实行一业为主，多种经营，而且在管理上实行联产承包、统分结合、双层经营的体制。

家庭农场与农业企业相比最大的区别是组织形式不同，家庭农场是一种家庭组织形式，而非企业组织形式。家庭是以婚姻、血缘、亲缘等为纽带组成的较为稳定的一种组织。家庭成员与家庭组织的目标高度一致，家庭成员之间存在利他主义的倾向，可以实现信息资源共享，提高家庭组织的效率。在专业化分工方面，家庭农场内部分工与企业内部的专业化分工不同。在生产要素投入方面家庭农场与农业企业也存在差异。家庭农场的生产要素投入一般是自有要素和外部要素的结合，很少完全使用外部要素。如土地要素由自己承包的土地和流转土地共同组成，资本是自有资本和外投资本的结合，劳动是以家庭劳动力为主，季节性或临时雇工为辅等。家庭农场经营也符合农业生产的自然再生产和经济再生产相统一的特点，能根据农业生产的季节性变化灵活调整生产要素的投入，提高劳动力的利用率和劳动生产率。

四、现代农业新的经营模式和新兴业态[①]

从 20 世纪 30 年代开始，欧美一些工业发达国家，从科学技术、生物技术和管理组织模式等方面，对传统农业进行了全面改造，完成了从传统农业向现代农业的转化，基本上实现了农业现代化。我国目前正处于传统农业向现代农业转变的时期，传统农业组织形式、流通体系和服务体系不断升级，一些新兴特色产业开始出现，[②] 见表 6—1：现代农业新的经营模式和新兴业态。

表 6—1　　　　　　　　现代农业新的经营模式和新兴业态

方面		特色	典型企业
新兴特色产业	休闲农业	农家乐、观光农业园区、主题公园等	上海鲜花港
	循环农业	培育生态循环产业链	泸州老窖
	高科技农业	以先进的基因工程、细胞工程、酶和发酵工程等生物技术改造传统产业	莱茵生物、江西百勤异VC纳
	有机农业	遵循自然规律和生态学原理进行种植、生产	内蒙古清谷新禾、浙江有机茶业

---

① 参见 http：//yuanchengda. chinaceot. com
② 此部分引自袁成达：现代农业有哪些新的经营模式和新兴业态？参见 http：//yuanchengda. chinaceot. com

方面	特色	典型企业
传统组织形式升级	龙头企业打造从种植（养殖）到生产销售的完整产业链	新希望
	"公司＋基地（农业园区）＋农户"的合作模式	天宝股份
	"公司＋政府＋金融部门＋科研院所＋养殖户"的"五合一"模式	獐子岛
	建立"品牌＋标准＋规模"的经营模式	河南新郑奥星
	"新型合作经济组织＋农户＋公司"的模式	宿迁江鹏合作社
农业流通体系升级	综合性大型批发和物流企业	深圳农产品
	专业化批发和物流企业	云南斗南花卉
	连锁超市为等新兴流通渠道	唐人神、新郑奥星
	以电子交易为核心的大宗农产品现、期货交易	海南农垦电子交易市场
农业服务体系升级	农资连锁经营	万向德农
	农技研发	上海科立特
	农机跨区作业	中国农机
	农村劳动力转移培训和中介服务、农业保险等	—

（一）新兴特色产业

新兴特色农业产业主要包括休闲农业、循环农业、高科技农业和有机农业等。其主要特点是将传统农业与其他行业有机结合，从而形成一种新的业态。如休闲农业是利用农业景观资源和农业生产条件，发展观光、休闲、旅游的一种新型农业生产经营形态，也就是把农业与旅游业有机结合，利用乡村景观和农村空间吸引游客前来观赏、休闲、体验、购物的一种新型农业经营形态，可以深度开发农业资源潜力、调整农业结构、改善农业环境、增加农民收入。高科技农业则利用先进的基因工程、细胞工程、酶和发酵工程等高科技改造传统农业，提高农业产品的附加值。有机农业是突出人们的环保意识，在生产中完全或基本不用人工合成的肥料、农药、生长调节剂和畜禽饲料添加剂，而采用有机肥或有机饲料新兴产业。其特点是向社会提供无污染、好口味、食用安全环保食品，目的是有利于减轻环境污染、恢复生态平衡、消费者身体健康。新兴特色农业企业大多数处于创新摸索阶段，目前规模一般都较小，难以达到农业产业化龙头的认定标准，无法获得相应的扶持政策，因而在银行信贷、上市融资方面也存在较大难度。

（二）传统组织形式升级

当今世界上农民组织形态主要有三类：一是"大农场主"体系和公司制企业，如美国的孟山都公司、荷兰的花卉公司等，这些跨国经营的公司大多起到龙头作用；二是半官方的产业局，如加拿大的小麦生产局，负责协调产销关系和生产布局；三是农民合作制组织，如日本的农协、我国台湾的农会、美国农场主协会等。

以家庭为单位的家庭联产承包责任制显然难以抗拒农产品价格波动较大和自然条件变化所带来的风险，"公司＋农户"的组织形式也因为农户组织程度不高造成交易成本巨大，同时"公司"对"农户"缺乏硬性约束力所带来的农产品质量问题也时刻威胁着企业和产业的发展。

为了改善原有组织模式的弊端，"龙头企业打造完整产业链"、"公司＋基地（农业园区）＋农户"、"合作经济组织＋农户"、"行业协会＋农户"等一些新的组织模式不断涌现。这些新的组织模式具有一定的先进性。例如，在"公司＋基地（农业园区）＋农户"的组织模式中，公司对基地或园区进行统一的管理和控制，农户进园区就必须服从公司管理，公司对原材料进行统一管理，监督实施将更容易，这种模式在土地承包经营权流转之后将会出现更多。

（三）传统流通体系升级

农产品流通行业处于在农民生产和市民消费的中间区域，农产品流通体系就是利用现代高新技术、采取现代组织方式服务农产品全球流通的重要平台。农产品流通体系建设关系到农产品稳定供给和农民持续增收，是农村商品经济发展的动脉，是区域性中心城市的末梢神经和城乡统筹发展的桥梁。现代农业流通的主要形态包括以下几种：一是以大型批发市场、专业市场和大型物流企业为主导的农产品快速通道；二是切合现代消费习惯的农产品超市、连锁、配送等新兴流通渠道；三是以电子交易为核心的大宗农产品现、期货交易市场，并与国外大型农产品期货市场接轨，实现交易信息的国际化。建立健全农产品现代流通体系，必须加强规划指导，完善市场网络，推动传统流通体系升级，减少中间流通环节，提高流通效率。

（四）传统服务体系升级

农业服务体系指与农业相关的经济组织为满足农业生产发展的需要，为直接从事农业生产的经营主体提供各种服务而构成的一个网络体系，是在商业性农业发展的基础上，围绕农业生产部门而形成的一种现代农业分工体系，其所涵盖的内容相当广泛。传统农业服务体系的升级不仅可以辅助农业产业的发展，同时也是农业部门转变职能的重要着力点，其主要包括农村金融体系完善、农资连锁经营、新型农业科技研发服务、农机跨区作业、农村劳动力转移培训和中介服务、农业保险等方面。在以上各方面均出现了一些具有一定规模的农业服务型企业。

第七章　家庭农场与农业全产业链

现代农业是一个系统工程，发展现代农业就是要不断改造传统农业、转变农业增长方式、促进农业快速发展，通过农业生产要素的现代化，提高农业供给能力、供给水平和供给质量。我国人口众多，食品消费量大，恩格尔系数较高，农产品供给状况和价格对于物价的影响很大。而且，随着城镇化进程的进一步推进，农产品生产空间受到挤压，加之农产品深加工业方兴未艾，产业链条不完善，最终导致农产品供求逐步趋紧，价格不稳定性增加。全产业链是随着"互联网＋"的发展及新一代信息技术催生的新业态和模式而引发的农业领域的深刻变革，是解决我国农业"小生产""小流通"与"大市场"的矛盾，实现农业产业化、标准化、品牌化、资本化运作的重要模式。全产业链农业已成为现代农业的重要组成部分，是在我国农业产业结构升级和人民群众消费需求升级背景下产生的一种全新农业发展模式。

一、农业全产业链概念

全产业链是随着"互联网＋"技术和理念的发展及新一代新业态和模式的产生而引发的农业领域的深刻变革。2015 年国务院《关于积极推进"互联网＋"行动的指导意见》对"互联网＋"环境下我国现代农业的发展方向进行了专题部署。国家"十三五"规划明确提出要推进农业的标准化和信息化，依托"互联网＋"打造新型农业体系成为"十三五"时期我国农业发展的一大重点。在"互联网＋"时代下，产业链各环节的融合，以及产业链的延链、补链，成为各个产业转型升级的重要着力点。目前，我国农业全产业链融合发展仍处于起步阶段，在当今时代下应充分利用互联网技术，发挥后发优势，不断实现互联网与农业全产业链的有机融合，加速实现农业全产业链转型升级，推动农业领域的供给侧结构性改革。①

---

① 冯长利，兰鹰，周剑. 中粮"全产业链"战略的价值创造路径研究［J］. 管理案例研究与评论，2012，5（2）：135～145.

全产业链是指以市场为导向，通过整合和控制整个产业链条，即从原材料的种植或者开采开始，经过初加工、深加工、产成品销售、分销及物流等每一个环节都可控、可追溯，形成一个完整的产业链。农业全产业链是以农副产品的种植、技术支持、收获、初加工、深加工、贸易、物流、品牌推广、分销为一体的整个农业全产业链条。在这个链条中，成规模的农业种植基地、采购商、加工企业、销售商等可以成为一个链条的核心。①

全产业链农业是现代农业的重要组成部分，是当前我国农业产业结构升级和人民群众消费需求升级背景的一种全新农业发展模式。全产业链农业是指以市场为导向，以农业生产、农民生活、农村资源为依托，以提供优质、安全农产品、体验特色农耕文化和尊享清新生态家园为产品，满足人们多种需求，实现农业的高附加值，实现农村一、二、三产业高度融合的一种农业经济发展模式。全产业链农业突出强调城乡统筹、资源整合、科技创新和高效优质，特色在于通过优化布局，把农耕活动、农业科技、农特产品、农村文化和商贸物流、乡村旅游有机连接起来，形成高效益的产业链条，促进农业农村经济可持续发展。②

解决我国农业"小生产""小流通"与"大市场"的矛盾，实现农业产业化、标准化、品牌化、资本化运作，全产业链是重要的模式创新。全产业链商业模式的特征：一是整合上下游资源。全产业链商业模式是围绕主体企业，以"上游（种植、养殖）——中游（加工、农产品包装）——下游（销售、农业旅游）"为基本结构而对整个农业生态进行整体运作。二是多个产品整体运作。上下游彼此关联，各环节相互衔接，将各业务板块融合一起，实施有效协同。三是以市场需求为导向。产业链上的所有环节都以市场需求为导向，通过满足客户的最大化要求来实现企业价值最大化。③

产业链是对具有供求关系、技术衔接，能够形成上下游关系的产业之间经济活动的集合。按照市场化程度，产业链可以分为市场化产业链和不完全市场化产业链。在改革开放之初，中国几乎所有的产业链都是不完全市场产业链。经过多年的改革开放，一些行业已经实现了市场化。一些产业链成为准市场化产业链，而不完全市场产业链的存在成为影响中国经济稳定增长和结构调整的

---

① 李芳，崔照忠. 农业龙头企业促进农业全产业链发展研究 [J]. 经济研究导刊，2015 (25)：38~40.

② 积极发展全产业链农业推动农村经济创新发展

③ 张晓林，于战平. 农业产销体系创新的全产业链模式研究 [J]. 北京工商大学学报（社会科学版），2013，28 (5)：9~14.

重要阻力。①

二、"全产业链"的理论分析②③

交易成本理论认为，市场和企业是两种组织劳动分工的方式，二者是可以相互替代的交易机制。企业和市场是两种可以相互替代的资源配置机制，由于存在有限理性、机会主义、不确定性与小数目条件使得市场交易费用高昂，为节约交易费用，企业作为代替市场的新型交易形式应运而生。交易费用决定了企业的存在，企业采取不同的组织方式最终目的也是为了节约交易费用。受交易者的有限理性、机会主义动机、信息不对称以及市场不完全与不确定性等因素的影响，市场交易会产生较大的交易成本，包括搜寻、谈判、签订契约、执行及监督等交易费用，而企业可以通过将市场交易内部化，消除机会主义和市场不确定性所带来的风险，从而降低交易费用。"全产业链"战略，本质上是运用收购、兼并、重组等方式将市场交易内部化，用企业替代市场交易，以降低交易成本和规避市场的不确定性风险。通过纵向并购，可以保证货源的质量和价格稳定，减少与上下游企业的谈判、签约和监督等成本。

"全产业链"包括纵向一体化和紧密多元化。根据产业组织理论，纵向一体化方式即单一产业链向上下游延伸，有利于提高企业对原材料及销售渠道的控制，从而提高对产品市场的控制，增强企业在市场中的价格竞争力。紧密多元化，即多条紧密相连的产业链在渠道、物流、财务、品牌等环节实现横向一体化的整合，同时可用原有的营销平台、销售渠道和品牌优势为新产品开拓市场，形成差异化优势，扩大企业占有的市场份额。多元化经营可分散经营风险，单一的产品和生产部门易受市场需求、外部环境、政府政策等变化的影响，面临各种不确定性和风险，多元化可分散风险，使企业保持经营的稳定性。全产业链模式实质上是企业通过组织内部的管理协调来替代市场机制进行商品交换和资源配置的方式。当然，"全产业链"也会带来巨大的管理成本。

---

① 范必. 全产业链市场化改革初探 [J]. 中国行政管理，2014 (6).

② 徐振宇，李冰倩，王跃. 论"全产业链"战略对企业绩效的影响——以中粮集团为例 [J]. 商业时代，2014 (9)：14~17.

③ 徐振宇，李冰倩，王跃. "全产业链"战略与企业绩效提升的关系探究 [J]. 商业时代，2014 (14)：93~96.

三、全产业链发展的动力机制[①]

(一) 应对市场竞争的挑战是原动力

农业的经济属性决定农业生产经营的内外环境的变化会对农业生产经营的结果产生影响，这种结果的不确定性就是农业经济风险。在农业产业链上，这种经济风险集中表现为市场风险，即是指在农业产业链的流通环节，由于市场环境的不确定性对产业链各主体造成损失的可能性。农业产业链的市场风险有价格风险、信息风险和竞争风险。市场经济条件下，社会分工细化拓展了产业链条的深度和广度，参与者的增加也使链条断裂的风险增大，而使产业链上的每个环节受损。为了实现整个供应链环节上的多方共赢，链条上的各个利益参与方需要共同协作，应对市场竞争的挑战，促使劳动力、信息、资本要素、土地等生产要素向本行业集聚，以抵抗来自其他产业链条的挑战。[②]

(二) 农业生产要素匮乏推动产业延伸

改革开放以来，产业发展和结构调整促使农业劳动力人口向城镇迁移，农业高素质人才不愿留在农村工作的现象在我国已存在多年，形成了城市中工作岗位不足和农村中人才不足的矛盾。在农业企业的发展中，资金问题是困扰企业发展的一个主要问题，而农业企业本身就是经济上的弱势群体，很多金融机构不愿把资金贷给农民，即使贷给农民也大多数是以农民整个家庭财产作担保，农民创业的积极性大大降低，农业产业化进程也就被阻碍了。另外，科技下乡的进程缓慢，也成为导致农业生产要素匮乏的原因之一。农业生产总值的相对下降和农业从业人口的绝对下降都对农业生产要素的投入产生了很大影响，农业生产要素严重不足。在国家逐步加大对农业扶持力度的社会大背景下，企业应以此为契机，采取租赁、合作、协作等方式切入到农业生产中，为农业生产提供人才、资金、技术支持，在提高农民收入和提升农业现代化水平的同时也保障了企业农业原材料的供应。

(三) 对上游原材料质量的控制是内动力

农产品质量安全一方面受生产源头的影响，另一方面也受流通环节的制

---

① 李芳，崔照忠. 农业龙头企业促进农业全产业链发展研究 [J]. 经济研究导刊，2015 (25)：38~40.

② 肖小虹. 中国农业产业链风险及构成研究 [J]. 科技创业月刊，2013 (1)：1~3.

约，对于流通环节，目前已有健全的监督管理体系，但对于生产源头，控制管理力度都还不够。在农产品生产源头，土壤污染和农药化肥等药物的添加都是影响农产品质量的重要因素。必须加大土壤修复改良的力度，大力推进土地规模化经营，用科学的种植和管理办法种地。家庭农场无疑是确保农产品生产源头质量安全的一个重要方面。

多年以来，我国因原材料质量管理、监控、检测力度不够而导致公众利益受损、当事企业破产的事例屡见不鲜。例如，2005 年河北永年毒大蒜事件、2008 年潍坊出口日本毒包子事件、2008 年三聚氰胺事件、2010 年海南省豇豆农药残留超标事件和青岛毒韭菜事件，以及 2011 年双汇瘦肉精事件、2013 年湖南"镉大米"流入广东事件、2014 年福喜公司使用过期肉事件等，这些事例都暴露出企业对于农产品原材料种植、生产、质量检测等环节管理和监控的缺失。企业要实现持续健康发展，必须严控产业链的每一个环节，通过与农业种植户签订相关协议，提供技术、资金和设备等生产要素，让家庭农场由农产品的提供者变为企业协作者或劳动者，共担种植风险，促使农户由重视产成品质量，重视双方持久合作和共赢，而家庭农场通过对原材料生产的全程有效监控可以提供稳定可靠的原材料。

四、家庭农场对促进农业全产业链发展的作用

与农业产业链相关的主体共同参与产业链利益分配，也相应地承担产业链经营风险。其构建主体只能是直接参与其运行、利益分配及承担风险的实施主体，且只能是那些拥有先进的农业生产技术和现代化的经营战略理念、强大的资本运作能力与资源整合能力的经营主体，主要是家庭农场、专业合作社、龙头企业、物流中心、大型连锁超市。而全产业链模式也反过来提升了这些核心主体对产业链的掌控能力，实现产业链的高效布局。[①]

（一）家庭农场是农业全产业链中的重要主体

以家庭联产承包责任制为主体的农村土地制度的最大特点是"分田到户"，实行农户自主经营的生产模式。这一土地制度弱化了市场参与主体农户的竞争力。单个农户在市场经济条件下如同浮萍一样，难以影响市场，成为市场经济杠杆调控下的被动接受者。家庭农场是指以家庭成员为主要劳动力，从事农业

---

① 张晓林，于战平. 农业产销体系创新的全产业链模式研究 [J]. 北京工商大学学报（社会科学版），2013, 28 (5)：9～14.

规模化、集约化、商品化生产经营，并以农业收入为家庭主要收入来源的新型农业经营主体。家庭农场具有资金、设备、规模优势，通过整合农业资源，形成规模效应，可影响农产品供给市场，稳定农户收益，确保自身原材料供应的数量和质量。因此，家庭农场在农业全产业链中起着承上启下的作用，是农业全产业链的重要主体。

（二）家庭农场促进了农村人才的回流

农业高素质人才包括两个方面：其一是具有丰富理论知识的，其二是具有丰富实践经验的。目前，我国农村因人口老龄化而带来的农业劳动者年龄结构失衡，以及具有丰富实践经验的乡土人才年龄老化的断层危机。发展家庭农场和农业合作社，有利于实现农村高素质人口的回归，有利于以企业为主体引进和培养高素质人才，通过合理引导促进高素质人才从事农产品种植、管理、技术支持等涉农工作。在人才回流过程中，新型农村经营主体的支持和引导是高素质人才回归农业的催化剂。

（三）家庭农场实现了对农产品原材料质量的严格把控

如前文所述，家庭农场通过对原材料生产的全程有效监控可以提供稳定可靠的原材料。例如，雨润集团与旗下的农产品基地建立了"资源—产品—再利用—再生产"的产业链运行模式，实现了对原材料和产成品的严格监控。

总之，推动家庭农场发展全产业链农业，符合国家关于加快转变农业发展方式，走产出高效、产品安全、资源节约、环境友好的现代农业发展道路的要求，符合中央关于加强农业供给侧结构性改革，提高农业供给体系质量和效率，真正形成结构合理、保障有力的农产品有效供给的要求。加快发展全产业链农业，有利于推动农业产业转型升级和国内消费转型升级，有利于促进农民就业增收、提高农业资源循环利用水平、保障农产品质量安全，也有利于统筹推进脱贫攻坚和农业产业化、新型城镇化及生态文明战略的实施。[①]

---

① 杨光翠. 积极发展全产业链农业推动农村经济创新发展 [J]. 中国农业信息，2016（18）：146～147.

五、"互联网＋"农业产业链模式[①]

在信息技术高速发展的背景下，智慧农业被寄予厚望。智慧农业，就是利用信息技术对农业生产进行定时定量管理，根据农产品的生长情况合理分配资源，实现农业生产的高效低耗、优质环保。近年来，欧美发达国家的农民们在利用互联网方面表现积极。

（一）建立混合纵向一体化的链接机制

为了实现农业产业链合作企业的共同战略利益，使加盟产业链的企业都能受益，就必须形成一种长期合作博弈的机制来加强成员企业间的合作，使得成员企业能够风险共担、利益共享。

这种机制就是混合纵向一体化连接方式。这种模式就是以一家农业龙头企业为主进行产业链设计，按照专业、高效和运作经验的原则，将某些环节以某一利益主体独资、控股或参股的形式参与产业链各环节的投资经营，而又与其他利益主体在某一（些）功能环节以合同契约进行联结。

（二）建立"公司＋农业园区＋市场"的组织形式

传统的"公司＋农户"模式出现了很多问题，主要是农户组织程度不高造成交易成本巨大，而且各方违约严重影响了小农户的利益。农业园区的建设解决了一系列的问题，因而具有先进性。在"公司＋园区＋农户"的生产模式中，公司是主导。确保园区的统一设计；生产标准的制定；投入物资（化肥、饲料等）的供应；技术指导；回收、加工、销售；品牌宣传推广；贷款担保公司的组织。

园区是关键，公司有园区才能进行统一的管理和控制，公司有权对进园区的人进行筛选，进园区人员必须服从公司管理，可以对投入品进行统一管理，监督实施很容易；确保完全收购。农户是生产主体。农户投资，全额投资或投入流动资金或承包生产；农户生产，投资人自己当种植者，以农户为生产单位；农户是独立的经营者，可以自己决定生产规模、内部考核办法、内部分配等。

[①] 参见 2016－2020 年中国互联网＋农业产业深度调研及投资前景预测报告：http://www.chyxx. com/research/201610/459645. html

（三）建立"品牌＋标准＋规模"的经营体制

农业产业链成功与否取决于整个产业链的效益，而产业链的效益取决于"品牌＋标准＋规模"的经营体制。其中品牌是终端产品实现价格增值的主要手段，没有终端产品的品牌溢价就没有整个链条价值的提升，风险就无法避免。传统农业产业链失败的原因之一就是各链条的行情风险无法因为品牌溢价而避免。标准化是品牌的保障，正是由于标准的严格执行品牌才能有溢价的空间。规模化就是将产业链模式复制放大，取得规模效应。

第八章　家庭农场与农村一二三产业融合发展

　　农业一二三业产融合发展，被称为"第六产业"，已经是农业发展的一大趋势，也是当前中国农业产业创新的新方向。在中国当前的创业创新热潮中，与农业相结合的创业创新项目不断涌现，带动了农村经济结构调整和产业转型升级。农业具有"接二连三"的功能，与第二产业、第三产业的产业链融合可以有多种方式，催生出许多新兴业态，如粮食物流仓储加工、农村休闲旅游、农村电子商务等，在中国有广阔的发展前景。推进农村一二三产业融合发展的新业态，需要有新的经营主体和利益机制。应进一步壮大多元经营主体，建立利益联结机制，通过家庭农场、龙头企业带动农民发展多形式的适度规模经营，向社会资本全面放开能够商业化运营的农村服务业，让农户分享产业链环节的增值利益。

　　推进一二三产业融合发展，是加快转变农业发展方式、构建现代农业产业体系的重要举措，也是推动农业农村经济发展、探索中国特色农业现代化道路的必然要求。2016 年 1 月，国务院办公厅发布《关于推进农村一二三产业融合发展的指导意见》（国办发〔2015〕93 号），提出用工业理念发展农业，以市场需求为导向，以完善利益联结机制为核心，以制度、技术和商业模式创新为动力，以新型城镇化为依托，推进农业供给侧结构性改革，着力构建农业与二三产业交叉融合的现代产业体系。之后发布的 2016 年中央一号文件也指出，要大力推进农民奔小康，必须充分发挥农村的独特优势，深度挖掘农业的多种功能，培育壮大农村新产业新业态，推动产业融合发展成为农民增收的重要支撑。

一、农村一二三产业融合的内涵①

产业融合并非新生事物，可以说在产业演进和产业发展史中，产业融合现象随处可见。而学术界对产业融合的讨论，则最早源于 20 世纪中后期由数字技术的出现而导致的产业之间的交叉。通俗来讲，产业融合是指不同产业或同一产业不同行业相互渗透、相互交叉，最终融合为一体，逐步形成新产业的动态发展过程。产业融合涉及多个领域，其中农村一二三产业融合随着社会各界对"三农"问题重视程度不断提高而日益受到关注。

目前，众多学者尝试对产业融合及农村一二三产业融合的内涵作出界定。李世新（2006）认为，农业与相关产业融合是农业产业横向一体化结果，并将其与农业产业化区别开。梁伟军（2010）认为，农业产业化是纵向农业产业融合形成的路径。段海波（2014）认为，农业产业融合是农业产业链的横向拓宽而形成多重产业属性的新型产业。姜长云（2015）提出，农村一二三产业融合发展是以农村一二三产业之间的融合渗透和交叉重组为路径，以产业链延伸、产业范围拓展和产业功能转型为表征，以产业发展和发展方式转变为结果，通过形成新技术、新业态、新商业模式，带动资源、要素、技术、市场需求在农村的整合集成和优化重组，甚至农村产业空间布局的调整。郑风田等（2015）认为，农村一二三产业融合发展是指以农业为基础和依托，借助产业渗透、产业交叉和产业重组方式，通过形成新技术、新业态、新商业模式延伸农业产业链，由一产向二产和三产拓展，打造农业产业综合体和联合体。苏毅清（2016）认为，农村一二三产业融合是指农林牧副渔等第一产业的细分产业与第二、第三产业中的细分产业所形成的社会生产的产业间分工在农村实现内部化，体现为第一产业中的农林牧副渔等细分产业分别与第二产业中的细分产业、第三产业中的细分产业，及第二第三产业中的细分产业相融合，最终使得新的生产技术、新的管理技术和新的产业形态得以诞生。芦千文（2016）认为，农村一二三产业融合平台和载体是农民家庭、农民合作社，农民合作社是最突出的实践样本。

从上述不同形式的内涵界定中，可以归纳出如下共同点：

---

① 参见 http：//www. agri. ac. cn/：北京市农林科学院农业科技信息研究所. 农村一二三产业融合发展的内涵、做法及启示，

（1）农业产业链条的延伸，主要是指以农业为中心，向产前和产后延伸链条。

（2）农业技术的支撑作用，表现在新技术的推广应用使农业与二三产业间的边界变得模糊。

（3）农业产业间的交叉融合使农业具备多种功能，与文化、旅游、教育等产业相互关联和渗透。

（4）农业产业效益的提升，即推动农村产业空间合理布局、转变发展方式、参与二三产业，分享农村产业增值收益。

二、农村一二三产业融合的主要形态

从实践情况看，农村一二三产业融合包含多种形态，按照不同的标准可分成不同的类型。判断产业融合的类型，始终可以从两个维度展开：一是按融合方向，产业融合可以分为纵向融合与横向融合，纵向融合是沿着产业链的纵向一体化行为，横向融合是围绕产业的多功能性开发的融合行为。二是按融合结果，产业融合可分为吸收型融合和拓展型融合。吸收型融合指原来的两个或多个产业之间实现融合，形成一个共同的产业。扩展型融合指在原来两个产业或多个产业的交叉处融合进而产生一个新的产业，同时原有的各产业仍然独立存在。[①]

具体从所涉及产业的关系来看，农村一二三产业融合可分为横向产业融合和纵向产业融合，前者主要是指产业链的拓宽，即农业具有了其他产业的功能，后者主要是指产业链的延伸，即农业与其他产业联系在一起。从融合主体的性质来看，可分为内源性融合和外源性融合，前者是指以农户、专业大户、家庭农场或农民合作社等农业生产主体为基础的融合发展，后者是指以农产品加工或流通企业等非农业生产主体为基础的融合发展；从融合发展的路径规划来看，可分为组织内融合和组织间融合，前者是指家庭农场、农民合作社等在产业组织内部实现融合，后者是指龙头企业与农户、家庭农场、合作社等合作，在产业组织间实现融合（见表 8-1：农村一二三产业融合的主要形态）。

---

① 苏毅清，游玉婷，王志刚. 农村一二三产业融合发展：理论探讨、现状分析与对策建议 [J]. 中国软科学，2016（8）：19～20.

表 8－1 农村一二三产业融合的主要形态①

类型	名称	举例
横向产业融合	一三产业之间的融合	休闲观光农业、创意农业、会展农业、籽种农业和环保农业等
纵向产业融合	垂直一体化模式	农业产业化龙头企业
	分工合作模式	"公司＋农户"、"合作社＋农户"、"公司＋合作社＋农户"、"公司＋合作社＋基地＋农户"
	空间产业集聚模式	"一村一品"、"一乡一业"
	循环经济模式	"种植业—养殖业—生物质产业—种植业"循环模式

这里主要以横向和纵向产业融合为例作简要介绍。②

(一) 横向产业融合

农村横向产业融合目前主要表现为一三产业之间的融合，即通过开发、拓展和提升农业的多功能性，赋予农业科技、文化、教育和环境价值，使农业的功能拓展至生态休闲、旅游观光、文化传承、科技教育等领域，内涵覆盖生产、生活、生态等方面，从而实现农业与文化、旅游、教育、健康、环保等产业的有机统一。横向产业融合的典型代表包括休闲观光农业、创意农业、会展农业、籽种农业和环保农业等。其中，休闲观光农业实现了农业与旅游业的融合，创意农业实现了农业与文化创意产业的融合，会展农业实现了农业与商务、教育产业的融合，籽种农业实现了农业与科技服务业的融合，而环保农业则实行了农业与生态修复、环境保护等产业的融合。

(二) 纵向产业融合

纵向产业融合又因产业间关联方式的不同，有着多种实现模式。

1. 垂直一体化模式

这种模式属于组织内的产业融合，即通常以大型企业或合作社为主体，其

---

① 引自北京市农林科学院农业科技信息研究所. 农村一二三产业融合发展的内涵、做法及启示. 参见 http：//www. agri. ac. cn/。

② 引自 http：//www. agri. ac. cn/；北京市农林科学院农业科技信息研究所. 农村一二三产业融合发展的内涵、做法及启示.

生产经营向上游延伸至农产品生产、生产资料供应乃至技术研发等环节，向下游则扩展至销售服务环节，涵盖了研发、生产、加工、流通、销售、服务等各个领域，从而实现贸工农一体化、产加销一条龙。很多农业产业化龙头企业都采取了这种模式。

2. 分工合作模式

这种模式属于组织间的产业融合，即以企业、合作社等为主体，通过订单生产、统购统销、股份合作等利益联结手段，将在空间上分离的农村一二三产业紧密连接，主要形式有"公司＋农户"、"合作社＋农户"、"公司＋合作社＋农户"、"公司＋合作社＋基地＋农户"等。

3. 空间产业集聚模式

这种模式属于区域内的产业融合，即受地区资源禀赋、产业特色和发展导向等因素影响，一二三产业及相关产业组织在农村特定区域集聚，形成集群化、网络化的发展格局，如发展"一村一品"、"一乡一业"等。

4. 循环经济模式

这种模式属于链条上的产业融合，即农业内部种植业、养殖、畜牧等子产业之间，以及农业与加工制造业之间，依据生物链的基本原理而建立起产业上下游之间的有机关联，并形成相互衔接、循环往复的发展状态。比较典型的例子是"种植业—养殖业—生物质产业—种植业"模式的循环。

当前我国农村一二三产业融合还处于初级发展阶段，一是农业与二三产业融合程度低、层次浅，产业链、价值链实现不充分，附加值不高。同质竞争较多。工商企业与农民间缺乏信任。二是新型农业经营组织发育迟缓，对产业融合的带动能力不强。主要表现在龙头企业、农民合作社等发展不平衡、发育不充分、创新能力弱，家庭农场、专业大户规模偏小，参与融合能力不够。三是利益联结机制松散，合作方式简单。目前农村地区产业融合多采取订单式农业、流转承包农业，真正采取股份制或股份合作制，将农民利益与新型农业经营主体利益紧密连接在一起的，所占比例并不高。四是先进技术要素扩散渗透力不强。表现在科技支撑体系不健全，投入少，资源配置不合理，从业者综合素质不高，缺乏创新驱动意识，技术生产要素渗透进程缓慢。五是基础设施建设滞后，涉农公共服务供给不足。

三、农村一二三产业融合的理论探讨

英国经济学家科斯 1937 年提出来交易成本理论，以经济组织的交易成本为分析对象，因专业分工组织之间产生交易费用，降低交易成本是他们的目标。因此，交易成本理论从经济学上，根据参与交易主体"有限理性和机会主义"这两个基本假设，分析主体间为促成交易而产生的所有成本。而经济组织之间通过合同契约、政策制度等形式结成一种"持久性的组织关系"会大大降低交易成本。基于交易成本理论，从而产生了农村一二三产业融合的原动力，即经营主体降低交易成本的本能。在经营实践中，第一产业中的农业经营主体，与第二三产业的企业之间的融合，可以充分利用第二三产业实现资源合理配置。同时，一二三产业融合会使组织之间协作更加紧密，从而降低了各经营主体的交易成本。

实践中，日本 JA 综合研究所今村奈良臣于 1994 年首次提出农业的六次产业化概念，认为农业的六次产业是指农村地区各产业之和，即 $1+2+3=6$。其意为农业不仅指农畜产品生产，而且还应包括与农业相关联的第二产业和第三产业。农业六次产业的界定说明只有依靠农业为基础的各产业间的合作、联合与整合，才能取得农村地区经济效益的提高。今村奈良臣的六次产业概念成为农村一二三产业融合的实践基础。

李世新（2006）认为，农业与相关产业融合是农业产业横向一体化结果，并将其与农业产业化区别开。梁伟军（2013）认为，农业产业融合包括农资供应、农产品生产、加工、销售及服务环节的纵向融合，以及农业引入高新技术产业发展理念、技术成果和管理模式的横向融合。马晓河（2015）提出，根据国内外发展的实践经验，农村一二三产业融合发展指的是以农业为基本依托，通过产业联动、产业集聚、技术渗透、体制创新等方式，将资本、技术以及资源要素进行跨界集约化配置，使农业生产、农产品加工和销售、餐饮、休闲以及其他服务业有机地整合在一起，使得农村一二三产业之间紧密相连、协同发展，最终实现农业产业链延伸、产业范围扩展和农民增加收入。郑风田等（2015）认为，农村一二三产业融合发展是指以农业为基础和依托，借助产业渗透、产业交叉和产业重组方式，通过形成新技术、新业态、新商业模式延伸农业产业链，由一产向二产和三产拓展，打造农业产业综合体和联合体。苏毅清（2016）认为，农村一二三产业融合是指农林牧副渔等第一产业的细分产业与第二、第三产业中的细分产业所形成的社会生产的产业间分工在农村实现内部化，体现为第一产业中的农林牧副渔等细分产业分别与第二产业中的细分产业、第三产业中的细分产业，及第二第三产业中的细分产业相融合，最终使得新的生产技术、新的管理技术和新的产业形态得以诞生。芦千文（2016）认为，农村一二三产业融合平台和载体是农民家庭、农民合作社，农民合作社是最突出的实践样本。

我国农业正面临一系列新矛盾：农产品价格和成本双重挤压、农业补贴和环境资源双重约束、农村人口"老龄化"和"过疏化"突出、农产品阶段性过剩与结构性短缺并存等。农业发展新常态催生出新的农业发展模式，即农村一二三产业融合。2014 年，中央一号文件提出"把产业链、价值链等现代产业组织方式引入农业，促进第一、第二和第三产业的融合发展"；2015 年中央一号文件首次明确"推进农村一二三产业融合发展"，并发布《关于推进农村一二三产业融合发展的指导意见》，从融合方式、融合主体、利益联结机制、服务体系、推进机制等多个方面进行了全面部署。2016 年，国务院、农业部、中华全国供销合作总社、中国农业银行等先后发布工作方案，20 余个省份颁布了实施意见。自此，农村一二三产业融合从自发的市场行为上升到国家战略层面，我国农业发展也由此进入新的阶段。

目前国内已形成共识，认为农村一二三产业融合发展是以农业为基本依托，以新型经营主体为引领，以利益联结为纽带，通过产业链延伸、产业功能拓展和要素集聚、技术渗透及组织制度创新，跨界集约配置资本、技术和资源要素，促进农业生产、农产品加工流通、农资生产销售和休闲旅游等服务业有机整合、紧密相连的过程，借此推进各产业协调发展和农业竞争力的提升，最终实现农业现代化、农村繁荣和农民增收。[①] 农村一二三产业融合是产业融合的一种表现形式，其演变过程与产业融合是一致的。因此，通过设立试点、实施扶持政策是近阶段有效、快速助推农村一二三产业融合发展的重要举措。[②]

四、农村一二三产业融合的典型模式[③]

（一）农户主导型

指在产业链建设中，由当地农户为主要力量开发优势资源，主导由农业生产向农产品加工、营销以及乡村旅游等方面发展的进程，形成一二三产业融合发展的态势和目的。农户主导型主要有农产品地产地销模式、农家乐模式、家庭手工艺品产销模式等。农户主导型延伸了产业链条、开发了农业的多功能，产业的增值收益完全留给了农民，是产业融合的一种典型案例。但这种模式因

①　国家发展改革委宏观院和农经司课题组. 推进我国农村一二三产业融合发展问题研究 [J]. 经济研究参考，2016（4）：3～28.

②　郑媛榕. 农村一二三产业融合的识别问题及政策应用研究 [J]. 中共福建省委党校学报，2017（9）.

③　赵海. 论农村一二三产业融合发展 [J]. 农村经营管理，2015（7）：26～29.

较大程度依赖农村区位优势和资源禀赋而使发展受限。

(二) 农场主导型

这种模式与农户主导型接近。由当地的家庭农场为核心参与产业链的建设，主导优势资源开发、农产品生产加工营销流通、乡村旅游等进程。

(三) 合作社主导型

合作社主导型指依托农民合作社兴办加工和流通，将产业链条逐步由生产环节向加工和流通环节延伸，最终形成一二三次产业融合发展的态势。农民合作社主导型主要包括合作社办加工模式、农超对接模式、农社对接模式等。农民合作社主导型实际上是一种产业综合体，实现了产业链条的延伸和产品的增值，并通过合作社的分配机制分享到了增值收益，是一种非常好的产业融合模式。但这种类型对合作社实力与能力有较高的要求，适用于规模较大、实力较强、运行较为规范、人才支撑较为有力的合作社或合作联社。

(四) 龙头企业主导型

龙头企业主导型依托农产品加工或流通龙头企业，将产业链条覆盖农产品生产、加工和销售全过程，最终形成一二三产业融合发展的态势。龙头企业主导型主要包括"龙头企业＋农户"、"龙头企业＋基地＋农户"、"龙头企业＋农民合作社＋农户"模式等。与前3种模式相比，龙头企业主导型更加强调价值链的完善，即处理好龙头企业与农户的利益关系，让农户分享到产业化的成果。其本质是通过龙头企业向农业导入先进要素并与农村土地和劳动力资源结合，实现对农业的引领和农民的带动。这种产业融合模式比较普遍，具有很强的生命力和可复制性。

(五) "互联网＋X"型

"互联网＋X"型指以互联网为主要载体，依托现代信息技术和物流手段，扩大农户、农民合作社、农业企业产品的销售区域，减少产品流通的中间环节和交易成本，是产销对接的典型模式。这种模式最大的特点是依托互联网平台实现了生产者和消费者的直接对接，减少了中间环节的成本损失，使生产者得到了流通环节的全部增值收益。

五、家庭农场是农村一二三产业融合发展的重要参与主体

推进农村一二三产业融合发展，必须坚持"使市场在资源配置中起决定性作用"，引导农业经营主体在推进农村一二三产业融合发展中发挥主力军作用。农村一二三产业融合发展涉及面广，复杂性强，新技术、新业态、新模式贯穿其中。以普通农户为代表的传统经营主体因农村区位优势和资源禀赋以及自身积累的特点，难以在农村一二三产业融合发展中参与价值链建设和利益分享。所以，推进农村一二三产业的融合发展，更需要新型农业经营主体的参与。新型农业经营主体是转变农业发展方式的生力军，也是推进农村一二三产业融合发展的"开路先锋"。在推进农村一二三产业融合发展的过程中，仍应是专业大户、家庭农场、农民合作社、龙头企业，甚至公司农场多管齐下，竞争发展，努力促进其分工协作、优势互补、网络发展[①]。推进农村一二三产业融合发展，必须强化家庭农场和农民合作社的基础作用，支持龙头企业发挥引领示范作用，发挥供销合作社的综合服务优势，积极发展行业协会和产业联盟，鼓励社会资本投入，特别强调要提高农户对等协商的能力，加快培育农村新兴经营主体，鼓励新型职业农民、务工经商返乡人员等领办合作社、兴办家庭农场，探索建立新型合作社的管理体系，拓展农民合作领域和服务内容，鼓励发展农产品加工和流通（见附录四）。

六、发展家庭农场，促进农村一二三产业融合发展

推进农村一二三产业融合发展，是在我国经济发展进入新常态、农业发展进入新阶段的大背景下，深入推进农业供给侧结构性改革、加快转变农业发展方式的重要抓手，是拓宽农民收入渠道、全面建成农村小康社会的重要途径。2015 年年底，国务院办公厅印发《关于推进农村一二三产业融合发展的指导意见》，国家发改委认真贯彻落实，会同有关部门先后开展实施农村产业融合发展"百县千乡万村"试点示范工程，在全国确定了 137 个农村产业融合发展试点示范县。试点工作开展一年多来，各地在创新农村产业融合发展方式、培育农村产业融合发展主体、构建更加紧密的利益联结机制、完善农村产业融合发展服务体系等方面探索出不少成功的经验和做法，在促进农业增效、农民增

[①]　姜长云，推进农村一二三产业融合发展新题应有新解法，中国发展观察杂志社，2015 年 03 月 02 日

收、农村繁荣方面的作用和效果日益显现。

"十三五"时期是全面建成小康社会的决胜阶段，农业农村经济在高起点上实现新发展，面临的挑战之大、任务之重前所未有。加快转变农业发展方式、提升农业发展的质量效益和竞争力、促进农民收入爬坡过坎实现翻番的目标，必须加快一二三产业融合，激发产业链、价值链的分解、重构和功能升级，形成新业态、新组织方式、新商业模式和新经营机制等，带动资源、要素、技术、市场需求的整合集成和优化配置。正是在这个意义上，2016年中央一号文件明确提出，"推进农村产业融合，促进农民收入持续较快增长。"贯彻落实中央一号文件精神，促进农村一二三产业融合发展，要注重四个方面①。

（一）健全和完善农业产业链条

在纵向上推行产加销一体化，将农业生产资料供应，农产品生产、加工、储运、销售等环节链接成一个有机整体，实现"小农户"与"大市场"、城市和乡村、现代工业和农业的有效联结，打造现代农业产业体系。健全完善农业的产业链、就业链、价值链，提高农业产业的综合竞争力和效益。

（二）提升农业产业整体发展水平

高度重视促进农业产业深度融合，将农业作为一个整体来谋划，提高产业发展的统一性、协调性。要深入推进农业结构调整，统筹考虑产业布局与环境保护，创新体制机制，促进产业集群集聚发展。

（三）引导要素流向农村，新型经营主体培育

要素聚集是一二三产业发展壮大的基础。从财税、信贷、土地和价格等方面进一步健全促进农村产业发展的政策体系，加大对农业产业化龙头企业的信贷支持和上市扶持力度。加快培育新型农业经营主体，加快发展农民专业合作社、家庭农场、专业大户、龙头企业，鼓励农产品加工流通型龙头企业和城市工商资本进入种养业，持续推进适度规模经营和专业化、标准化、集约化生产。鼓励第一产业中的新型农业经营主体积极发展农产品加工和流通服务业，不断壮大自己。加快培育农业新型经营主体，鼓励新型职业农民、务工经商返乡人员等领办合作社、兴办家庭农场。

---

① 张天佐，促进农村一二三产业融合发展，农民日报，2016年02月19日

（四）完善产业链与农民利益联结机制

引导龙头企业创办或入股合作组织，支持家庭农场、农民合作社入股或兴办龙头企业。在农业合作制基础上引入股份制，鼓励工商企业（资本）在农业产业融合中进入适宜领域。围绕股份合作、订单合同、服务协作、流转聘用等利益联结模式，鼓励龙头企业建立与农户风险共担的利益共同体，打造企业、科研人员、农户等多方利益共同体，形成合理的利益联结机制。要通过组织模式、经营方式和产权关系创新，让农民真正分享产业链延伸和功能拓展的好处。

（五）创新驱动融合发展

农村一二三产业融合发展关键在创新，应用创新思路打好培育新型农业经营主体、坚持消费导向、发展二三产业、完善利益联结机制、开展试验示范和完善相关政策等几张牌。通过对技术、人才、资本等生产要素的整合集成和优化组合，增强创新能力，解决产品和服务供给同质性问题，为农村产业融合提供更多可实现的技术条件。

第九章 家庭农场与农民工返乡就业

改革开放以来，我国已经发生过几次大规模的农民工回流现象：就地转移与选择性准入（20 世纪 80 年代初至 80 年代末）、民工潮与歧视性控制（20 世纪 80 年代末至 90 年代末）、农民工流动的多元化与多元推动的制度变迁（2000 年至今）。其中，2001 年后农业税费改革和种粮补贴等利农政策的出台也吸引了大量农民工返乡种田，多元化阶段中特别是 2008 年全球性的经济危机导致了农民工大规模返乡，为中国的经济增长和制度创新提供了持续推力，引发城乡一体化的社会变迁，返乡创业的潮流随之兴起。一批在城市务工经商的农民工，带着技术、项目、资金返乡创业，成为地方经济发展的生力军。

随着中国经济发展呈现新常态，李克强总理在 2015 年两会上指出要把"大众创业、万众创新"打造成推动中国经济继续前行的"双引擎"之一，部分农民工历数年打工生涯后返回农村，利用打工获得的资本创办实业，发展农村经济，形成了"民工潮"之后的"创业潮"。2015 年 6 月，国务院办公厅印发《关于支持农民工等人员返乡创业的意见》，提出了支持农民工等人员返乡创业的一系列政策举措。2016 年 11 月，国家发展改革委发布的《全国农村经济发展"十三五"规划》进一步指出要建立多层次多样化的农民工返乡创业格局，通过引导产业转移、加强对口帮扶与合作等多种方式，带动农民工返乡创业。特别是党的十九大报告提出实施乡村振兴战略，并且明确提出要把人力资本开发放在首要位置。而让农村的就业、创业机会能够留住人成为推进乡村振兴战略的重要内容。在国家实施乡村振兴战略背景下，推动农民工创业有着重要意义。农民工返乡创业是社会创业的重要范畴，农民工通过返乡创业形式实施了自身收入的提升，解决了自身的就业问题，也是推进乡村振兴和农业农村现代化的重要途径，是缩小区域和城乡差距的有力举措。近年来，返乡下乡创业取得了积极进展，主要表现在几个方面：创业观念深入人心、创业环境不断优化、创业的主体明显增多、带动效应日益凸显。目前，我国返乡创业人员超700 万，返乡下乡创业观念已深入人心。

一、相关文献综述

作为一种崭新经济社会现象和研究主题，农民工返乡创业的相关研究尚处于起步阶段。通过文献梳理发现，目前关于农民工返乡创业的研究主要集中于分析农民工返乡创业的动机、影响因素和问题、绩效、建议和对策几个方面。

（一）国外的研究

农民工特别是新生代农民工返乡创业这种现象是中国特定的现象。国外相近的研究主要与人口迁移相关，如在人口迁移的动力机制方面，美国社会学家雷文斯坦（E. G. Ravenstein）认为引起人口流动的最大因素是经济原因；博格（D. J. Burge）将推拉理论应用于人口流动并将之进一步概括为人口流动的推拉模型。托达罗模型认为农民向城市的流动，在城乡预期收益差距很大的前提下基本呈现正向流动状态，但预期收益差距缩小时，则可能出现逆转。在农村人口市民化方面，一般来说英国采取的是强制性迁移模式，美国更多的是自由迁移模式，日本采取的是国家有效干预模式。

（二）国内的研究

1. 农民工返乡及返乡创业的动因研究

驱使农民工返乡创业的主要因素是城市融入性障碍的"推力"、农村有利资源和政策的"拉力"以及自身发展的需要。农民工返乡有着代际差异和生成机制，农民工返乡代际差异的过程既离不开制度安排和社会结构的规制作用，也离不开社会文化生活和农民工个体的能动性。新生代农民工对于生活世界和主体价值实现的追求，愿意寻找属于他们的真实生活、社会认同与文化归属（罗兴奇，2016）。同时，农民工的流动意愿抉择是与其家庭角色相伴随的决策过程，家庭角色在很大程度上锁定了他们最终的生活期望和社会归属。流动意愿与其个人家庭角色调适过程相伴随，家庭角色的义务和责任在很大程度上锁定了农民工最终的生活期望和社会归属（张世勇，2014）。受结构性因素制约，职业阶层和职业流动相互作用，职业阶层越高，工作越趋于稳定，农民工越倾向于留城；职业流动次数反向作用于留城意愿。农民工越年轻，人力资本、社会资本越高，居住条件越好，留城意愿越强（卓玛草等，2016）。另外，生活压力的变化和个人权利意识的增强对农民工的社会态度和行为取向也具有非常重要的影响（李培林，2011）。农民工就地市民化意愿受到农民工创业能力、创业环境与社会网络的显著影响，且农民工返乡创业成为农民工就地市民化的现实选择（罗竖元，2017）。

2. 农民工返乡创业的影响因素研究

农民工回乡创业的影响因素主要有年龄、专业技能、婚姻状况、外出打工年限、技能培训、管理能力、亲友借贷、正规金融借贷、自然资源的可获取性、创业动机和对待风险的态度（刘唐宇，2010）。政策支持力度越大，农民工返乡创业意愿就越强；而各项具体支持政策对农民工返乡创业意愿的影响存在差异，其中"是否提供创业技能培训"、"是否提供税收减免"和"是否提供创业信贷扶持"影响显著（朱红根，2011）。创业动机影响新生代农民工创业模式的选择，经济性动机与生存型创业正相关、与机会型创业负相关，社会性动机与机会型创业正相关，成就性动机与生存型创业负相关、与机会型创业正相关，创业动机变量明显提高了政府支持变量和创业资本变量影响农民工创业的概率。（程广帅，2013；刘美玉，2013）。创业环境是影响农民工创业的关键外部因素（张秀娥等，2012）。

3. 农民工返乡创业的问题研究

农民工返乡创业存在着自身资本积累不足、缺少优惠政策、创业环境有待完善等主要问题（吴碧波，2013）。教育水平显著影响农民工职业教育培训需求；政府累积补贴和参加教育培训的累积花费显著影响农民工的参与概率；农民工的年龄、工龄与参加职业教育培训需求为倒"U"型关系；农民工职业教育培训需求存在显著的地区差异和性别差异（韩伟静等，2016）。

4. 农民工创业绩效的研究

对个人特征影响效应的实证检验发现，男性和已婚农民工的创业绩效较高，中部地区有子女农民工的创业绩效较低，而西部地区年龄较大的农民工相比中部地区获得较低的创业绩效。对人力资本特征影响效应的实证检验发现，务工时间对创业绩效具有显著的正向影响，拥有创业经验的农民工更易获得较高创业绩效，但其影响效应存在明显的区域差异。中部地区拥有大专及以上学历的农民工更易获得较高创业绩效，而西部地区拥有初中学历的农民工更易获得较高创业绩效。对政策资源影响效应的实证检验发现，获得政府资助和银行贷款的农民工更易获得较高的创业绩效（赵德昭，2016）。另外，相比资源驱动型模式，总体来看经验驱动型创业模式下的创业绩效更好，尤其是在服务业领域具有更加明显的优势（刘志阳，2017）。

5. 关于农民工返乡创业的建议和对策

应尊重农民工子女教育选择意愿、降低城市教育"准入门槛"、构建适应农民工流动的资源配置机制的建议（雷万鹏，2016）。各级地方政府应针对农民工返乡创业的特点和影响因素，积极制定政策，改善当地的创业环境。出台相关优惠政策，提供专门的金融财政支持；积极改善商务环境，提供良好的创业相关支持性服务，开设创业教育和培训课程，积极引导和帮助农民工创业（张秀娥，2012）。激发新生代农民工的创业动机，引导新生代农民工合理选择创业模式，营造有利于新生代农民工创业的政策环境（刘美玉，2013）。另外，探讨从创业主体、创业环境、创业过程和创业结果 4 个方面界定了农民工返乡创业的内涵和研究边界，构建适合农民工返乡创业的动力机制、决策机制和保障机制（黄晓勇，2012）。

综合以上国内外学者的研究，可以发现对于农民工返乡创业的定性分析已经较为详细，但是仍然有许多不足。一是对农民工返乡创业的整体研究无论是文献的数量还是质量上都显得单薄。二是部分基于全国范围的宏观研究，提供的决策或建议具有较大的普遍性，但缺乏具体区域的针对性；部分基于实际区域调查的微观研究，要么是以行政研究的视角而忽略了农民工的自主性，要么是以农民工的视角而忽视了政策的指导性。三是对农民工返乡创业的动因、影响因素、困境与对策方面的研究过多，基于党的十九大乡村振兴战略时代大背景对农民工返乡创业的研究却几乎没有。最后，农民工返乡创业作为一种较新经济社会现象，相关研究尚处于起步阶段，缺乏统一的规范。

二、新时期农民工就业选择的新特征

新时期的农民工就业选择，不同于农民工资本积累第一阶段的就业选择行为。通过对湖北省武汉市 269 户农民家庭成员就业现状的调查，从农民工就业的地域选择、职业选择和就业渠道选择加以具体分析，结果表明新时期农民工就业选择呈现地域渐近化、岗位稳定化、农民脱地化及就业渠道自力化等新特征。

（一）地域渐近化

农民工在进行职业选择时是受到一系列由内部需求和外部环境所形成的因素所约束，农民工会根据自身的比较优势进行选择，即具有不同个人能力及家庭特征的劳动力在选择中表现出不同程度的就业倾向。农民工的主要转移方式有在农村周边城镇内部消化的就地转移和跨地域远距离流动就业的异地转移两大类。改革开放至 2008 年金融危机期间是农民工资本积累第一阶段，大多数农民工不断跨区域向沿海或者经济发达地区转移，形成了强大的全国性"西—中—东"流向的民工潮，此阶段的农民工大都选择经济发达且收入高的省外地区作为就业区域，以获取最大化的经济收益为最重要的选择考量因素。

表 9－1　　　　　　　　就业地域的调查结果分布表

区域	本乡镇街道	乡外本区县	市内外区县	省内其他市	省外国内	国外	合计
样本（个）	523	117	144	16	49	1	850
特征值%	61.53	13.76	16.94	1.88	5.76	0.12	100

（数据来源：根据武汉市农村劳动力就业情况的问卷调查结果统计所得。）

自 2009 年至今的农民工务工新时期，农民工表现出不同于民工潮时期的就业地域选择的差异，如表 9－1 所示。在调查的 850 位农民工中，784 人选择市内就业，占调查人数的 92.24%，且其中选择在本乡镇街道就业的有 523人，占调查人口的 61.53%。这意味着超过九成的人选择在本市区域内就业，超过六成的人选择在自己所在的乡镇街道区域就业。而反过来，选择在省内其他市、省外及国外就业的仅为 66 人，约占调查总数的 7.76%，且据调查实际表明选择省内外就业的人中大多是为在外地读书后选择在外就业。总体来说，农民工职业选择的区域人数呈现随着离家距离增多而减少的就业格局，即体现了就业选择的地域渐近化。

社会学家费孝通先生认为，中国传统社会结构不是一捆捆的柴，而是像石头丢入水中在水面形成的一圈圈的波纹那样向外扩散，每个人都是圆心，形成差序格局。① 根据调查数据及分析可以得出，农民工就业地域选择本乡镇街道区域、区县区域、市内区域及省内外所占比例逐渐缩小（如图 9－1 所示）。具体体现在他们选择的区域离家越近，农民工就业人口越是聚集，即呈现地域渐近化的新特征。新时期农民工职业选择的区域差别更符合费孝通先生所提出的差序格局自然选择理论，形成以家庭所在地为圆心的向外扩散的就业地域选择特征。

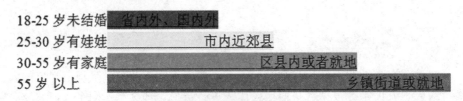

18-25 岁未结婚　省内外、国内外
25-30 岁有娃娃　　　　市内近郊县
30-55 岁有家庭　　　　　区县内或者就地
55 岁以上　　　　　　　乡镇街道或就地

图 9－1　农民工就业地域分布趋势图

由于农民工第二轮资本积累的过程更多的是考虑倾向"吃好、穿好、住好"品质生活，受过度经济追求的压力有一定程度的减少，这也是形成了新时

① 费孝通. 乡土中国・生育制度［M］. 北京：北京大学出版社，1998：26

期农民工职业地域选择的渐近化的经济原因。在调查中也发现农民工就业的地域选择与年龄有一定的关联关系，如图1所示，伴随着年龄增长，家庭越来越是农民工进行就业地域选择的主要考虑因素。18岁～25岁的未婚农民工没有家庭的牵连与压力，选择省内外及国内外作为就业地域比率较高；25～30岁的农民工，由于面临婚嫁生育等事宜，一般选择市内近郊县作为就业区域；30～55岁农民工家庭稳定，面对家庭的牵连不愿意远离家庭所在地，一般选择区县内或者就地就业，方便下班后回归家庭；55岁以上农民工面临无技能无文化的现实，外出找工作受歧视等困难，且受年龄限制，一般选择在本乡镇街道或者就地就业。总体来说，新时期农民工就业区域的选择趋向于地域渐近化。

（二）职业稳定化

"民工潮"至金融危机时期，文化程度较低且缺乏职业技能的农民工大多数流向工业及建筑业等无须专业技能的体力或者劳动力密集型产业。"民工潮"时期，农民工向第二产业转移明显，然而新时期的农民工流向出现了不同于民工潮时期的特点，见表9－2。

表9－2　　　　　　　　　　　　**职业选择的调查结果分布**

行业	农业	工业和建筑业	商业	服务业	合计
样本（个）	314	142	52	342	850
特征值%	36.94	16.71	6.12	40.24	100

（数据来源：根据武汉市农村劳动力就业情况的问卷调查结果统计所得。）

此次调查将具体的就业流向分为第一产业（农业）、第二产业（工业和建筑业）及第三产业（商业和服务业），从表9－2可以得出：调查总数850人中，314人选择农业生产活动，约36.94%，需要说明的是这314人并非全部从事传统的个体农业生产，由于近年来现代农业经营方式的不断发展，结合调查实际发现这314人中有约80%在现代农业经营主体中做农业生产雇工（即农业工人）。那么也就是这314人中仅有20%的人进行个体农业生产，约63人，占调查总数的7.41%。出现这部分人群的原因与农民工就业地域选择有些许关联，"离土不离乡"式的就近就业并未完全非农化，务工者往往不舍得放弃农地，采取"以工为主的兼业"或者"以农为主的兼业"两种经济活动模式。调查数据也表明，142人在工业和建筑业打工，约占调查总数的16.71%；394人从事商业生意或者在服务业打工，约占总数的46.36%。由此可见，新时期农民工的职业流向不再单纯地流向第二产业，而是慢慢转变流向，更多地向第三产业服务业流动。表中数据表明流向第三产业的人数约是流向第二产业的 3 倍，与农民工资本积累的第一阶段相比，新时期农民工就业选择有产业选择转换的趋向，这与第一产业岗位的短期季节性和第三产业能够提供更加长期稳定的工作岗位有关。

　　一般可以认为一份稳定的工作就是生活的保障，从农民工就业稳定性这个要素与其他就业要素的关系来看，每一个农民工就业的稳定性如何，可以集中反映出城乡经济发展协调性、就业环境的好坏、工资收入水平的高低与农民工对生活期望值是否相当等内容。

表 9-3　　　　　　　　　　　工作稳定性的调查结果

类型	稳定	不稳定，下岗失业	不稳定，临时工	不稳定，工作更换频繁	其他不稳定	只务农，没有外出	合计
样本（个）	390	37	114	40	48	221	850
特征值%	45.88	4.35	13.41	4.71	5.65	26	100

　　（数据来源：根据武汉市农村劳动力就业情况的问卷调查结果统计所得。）

　　据此次调查的结果所得（如表 9-3 所示），如果将稳定性的务农计算入稳定性范畴，可以得出觉得自身工作稳定的人口为 611 人，占调查总人口 71.88%，而觉得目前工作处于不稳定状态的约占总数的 28.12%。不同于民工潮时期，农民工常常处于做完一个项目常常流动到另外工地或工厂做工的状态，工作流动性强，稳定性较差。而新时期的农民工寻找工作日渐趋向于长期性，呈现职业稳定性的新特征，即职业稳定化。

　　这里如果将工作稳定性与就业渠道做对比，发现亲友及熟人介绍的工作稳定性较强，自己上街寻找工作的稳定性居中，而政府安置、职业中介介绍及媒体招聘所获取的工作稳定性较差。需要特别提出的是政府安置就业稳定性不足 50%，在与调查者交流中探究其原因，政府安置的工作稳定性较差的原因：一方面是政府部门为了完成安置任务，往往以低价劳动力吸引单位招工，导致工资较低，农民工觉得付出与收入不成正比，所以辞职率较高；另一方面由于与政府安置挂钩企业均为正规大型企业，企业纪律较为严格，习惯于休闲型生产活动的农民工无法适应严格的厂规厂纪而主动辞职更换工作，而这种行为最根源的原因在于农民工在新时期进行的第二轮资本积累，已经从"吃苦获取经济收入"向"不委屈自己前提下获取经济收入"转变。亲友及熟人介绍工作的稳定性较强的根本原因在于农民工仍旧未从传统熟人社会中转变出来，从某种程度上来讲，熟人社会具有熟人社会的优势，但熟人社会毕竟不适应社会转型的需要。

（三）就业脱地化

土地始终是农民的牵绊，虽说"家有良田，心里不慌"，但面对工业社会中经济效率的冲击，农业生产效率毕竟远远落后于工业生产的效率，但是较多的人均耕地对农民工在一定范围内的转移就业仍旧具有一定阻滞作用，能不能抛弃生产效率低的农业生产活动加入生产效率不断提高的工业生产活动中去，成为传统农民向经济居民转变的检验标准。此次调查共计走访 269 户，对目前承包地的主要用途做了以下调查，结果如表 9－4 所示。

表 9－4 　　　　　　　　目前承包地主要用途的调查结果

类型	暂时闲置	自己搞农业生产	送给别人搞农业生产	租给别人搞农业生产	租给别人搞非农活动	村集体统一租用	已被征用	其他	合计
样本（个）	3	86	7	80	28	16	26	23	269
特征值％	1.12	31.97	2.60	29.74	10.41	5.95	9.67	8.55	100

（数据来源：根据武汉市农村劳动力就业情况的问卷调查结果统计所得。）

从表 9－4 中可以看出，农户对目前承包地的处理方式更加直接，2/3 农户选择将承包地外租或者被征用，其中 10.41％农户将土地出租给别人搞非农活动，比如农家乐、办工厂等，甚至出现 3 户将土地闲置抛荒也不进行农业生产活动，这完全颠倒了传统农民"惜地如金"的形象。农民自己搞农业生产的仅占调查总数的 1/3，且在调查中了解到农民自己搞农业生产的农户中大多数都是将农业生产作为"以农为辅兼业"来做，也就是传统的"农闲打工，农忙回乡"的兼业生产模式。上述数据及分析表明，新时期农民工在不断改变传统的"以农为辅兼业"或者"以农为主兼业"的生产模式的基础上，进一步选择完全脱离土地进行非农生产活动，农民工就业日益呈现完全脱离土地的特点，即就业脱地化。

（四）途径自力化

就业途径是农民工进入打工环节的有效通道，一个有效且安全的就业渠道是农民工收入的重要保障，所以农民工在选择就业途径时，往往比较谨慎。农民工就业途径可以分为安置就业、亲友关系介绍、街坊邻居介绍、职业中介、媒体招聘广告和个人自谋等多种渠道。其中，本次调查问卷中亲友关系介绍主要是指依靠亲戚或者特殊关系介绍进入政府机关或者国有企业等稳定单位；邻居街坊介绍主要是熟人介绍或者带入私营企业的临时性工作等。原则上说亲戚介绍或者邻居街坊介绍属于传统的社会关系非正规就业途径，而职业中介和媒体招聘等可以看作是市场化正规就业途径，政府安置则是一种政府主导的政策就业途径。早期的农民工外出打工大多数靠亲朋好友等熟人介绍聚集到某行业。

表9-5　　　　　　　　就业渠道的调查结果分布

途径渠道	接受安置就业	亲友关系介绍	通过职业中介	通过媒体招聘广告	自己上街去找	街坊邻居介绍	合计
样本（个）	31	86	9	7	392	325	850
特征值%	3.65	10.12	1.06	0.82	46.12	38.24	100

（数据来源：根据武汉市农村劳动力就业情况的问卷调查结果统计所得）

调查数据显示（见表9-5），接受政府安置31人，占总调查人数的3.65%；靠亲友关系介绍86人，占总数的10.12%；靠街坊邻居介绍的325人，占总数的38.24%；通过职业中介就业的9人，占总数的1.06%；通过报纸电视等招聘广告就业7人，占总数的0.82%；自己上街去找就业的392人，占总数的46.12%。上述调查结果表明政府安置的仅占总数的3.65%，这说明由政府组织农民工就业的效果并不奏效；通过职业中介和媒体招聘的仅为1.88%，说明市场化的就业途径并未被农民工所接受；而靠熟人介绍和自己上街去找成为农民工就业的主要渠道，合计达到94.48%，这符合农民由传统农村文化到现代城市文化转型中的预期。不过值得注意的是，农民工自己上街主动寻找就业或创业机会的比例几乎达到一半，说明农民在不断适应新时期城镇化的结果，已经慢慢由被动接受被政府安置向主动接受且主动寻找工作机会转变。总体来说，新时期农民工就业渠道选择趋向靠自己能力上街直接寻找，即就业渠道自力化。

长期处于稳定的熟人社会的农民工一般不会贸然从农村进入陌生城镇，他们需要特定渠道给予安全就业机会。这是由于农村的熟人社会到达城市后仍旧只融入熟人社会，且容易形成熟人团体，以求得安全感，这种熟人团体的优势尤其是在讨要工资时能够发挥极大的作用。从表9-5中可以分析得出亲友、街坊邻居等熟人关系仍旧是农民工寻找工作机会的重要渠道，这一点延续了民工潮时期"老乡带老乡"的打工模式。在当今社会随着互联网发展，社会公共基础设施日益完善，商业服务模式日益更新的新形势下，政府安置、媒体招聘、自己上街找或者其他方式找到工作机会的方式越来越多，新时期的就业途径呈现日益多样化的趋势。尤其是自己上街去找的方式获取工作的人数占调查总数的46.12%，将近一半人口通过自寻的方式获得工作机会，呈现途径自力化的特征。这不得不说农民逐渐由依靠熟人笼罩的传统农民向依靠自己力量寻求生存机会的新式居民转变，这一方面取决于农民工自身能力的不断提升，另一方面也由于新的社会环境对农民工寻找工作提出更方便快捷的机会。总体来说，农民工的就业选择逐步脱离熟人社会的关系介绍型，促进了农民工就业向自力型转变。

三、差异性就业选择的原因分析

根据上述调查结果及分析，新时期的农民工就业选择有不同于以往的新特征，就业地域选择离家较近的区域，就业产业由第二产业向第三产业转移，就业渠道向农民工自己主动寻找倾斜，同时农民工就业逐渐脱地化。之所以出现这些新的就业选择特点，通过对调查结果的微观分析发现，个人特征（年龄、性别与职业技能）、家庭特征（人口、病残与承包地）、地域政策与社会环境是影响且促进产生上述新特征的重要因素。

（一）个人特征

从个人特征变量来看新时期农民工就业地域、职业及就业渠道选择的变化，年龄、性别及职业技能是影响个人职业选择的重要因素，见表9－6。

表9－6　　　就业选择的性别、年龄及职业技能的人数分布表

			性别（人）		年龄阶段（人）				职业技能（人）	
			男 423	女 427	16～25 (77)	26～45 (387)	46～60 (231)	60 (153)	有 399	无 451
地域选择	乡镇街道	522	235	287	29	175	173	146	201	321
	乡外县内	117	58	59	22	73	20	6	80	37
	县外市内	143	83	60	17	95	27	4	79	64
	市外省内	16	12	4	3	9	4	0	10	6
	省外国内外	50	34	16	6	36	7	1	27	23
产业选择	第一产业	314	134	180	9	56	107	142	102	212
	第二产业	142	109	33	12	82	47	1	79	63
	第三产业	392	179	213	56	249	77	10	216	176

续表

			性别（人）		年龄阶段（人）				职业技能（人）	
			男 423	女 427	16～25 （77）	26～45 （387）	46～60 （231）	60 （153）	有 399	无 451
就业 渠道 选择	政府安置	31	14	17	3	16	6	6	12	19
	亲友关系	84	53	31	5	52	23	4	49	35
	职业中介	9	5	4	1	6	2	0	5	4
	媒体广告	7	3	4	1	5	1	0	5	2
	自己去找	392	210	182	45	234	97	16	210	182
	其他	325	137	188	22	74	102	127	116	209

（数据来源：根据武汉市农村劳动力就业情况的问卷调查结果统计所得。）

从人数分布的性别单项分析：从地域选择上来看，男女性本乡镇就业人数均超过男女总数的 50%，女性选择本乡镇街道就业的人数比例高于男性，县城以外就业人数男性略微多于女性，并且不同年龄段的外出务工农民也有不同的地域选择。譬如 18～27 岁未结婚的农民一般长期在外务工，大多选择较远地区；25～30 岁已婚农民大多选择就近郊县打工，方便日常往来照顾家庭；30～55 岁有家庭有孩子的农民选择大多在本区县内就地打工；55 岁以上的农民一般就在村里土地流转的承包老板那里做些农活。性别差异也造成就职行业的差异，从事第一产业、第三产业的女性比男性多，女青年多去食品厂、服装厂、电子厂等轻工业企业，男性多去工矿、建筑等重工业企业，但从事第二产业商业与服务业的男性明显多于女性。从就业渠道的性别差异上看，自己去找和其他途径的人数均超过了男女人数的 80%，而传统亲友介绍的就业渠道却仅占总数的 10%，体现男女农民工就业渠道均倾向于自力化。

从年龄分布上分析：年龄越大选择本乡镇就业人数比例越高；年龄越大从事第一产业农业的人数比例越高，其中 16～25 岁、26～45 岁两个年龄段从事第三产业的人数均超过年龄段总人数的 70%；就业渠道上，年龄越低，自己寻找比例越高，年龄越大，亲友关系介绍的比例越高，这也说明年龄越小越想依靠自己的能力找到合适的工作证明自己，年龄越大越熟悉和依靠传统农村的熟人社会。调查中可以发现，不同年龄阶段农民会产生就职行业分化，且年龄越大就业难度越大。比如，30～50 岁基本上都能找到技术活，50 岁以上的只能做杂工，60 岁以上的只能种田，闲时去"包地老板儿那打零工。高龄农民工之所以遇到就业困难，一是自身觉得无力去学技术，去做技术工，二是企业考虑到年龄高的农民工工作短期性，身体素质变差等因素，不希望要年龄大的农民工。

从职业技能上分析：掌握一定技能的农民工选择外出区县以外务工的人数比例相对较高；在产业选择上，拥有职业技能的农民工脱离第一产业农业的人数较多，分布在第二、第三产业的人数较多；有技能的农民工自己上街寻找工作的人数比例比无技能农民工人数比例高。有无技能成为农民工收入的分水岭，有技术的工资高，无技能的农民工只能从事一些服务型产业，比如餐馆服务员，工厂保安等低技能职业。但是，调查中也发现农民工的技能学习是通过"传帮带"的传统方式学习，"技术工做久了就学会了"。

从上述分析及人数分布表总体分析得出：在本乡镇街道就业人数处于农民工各个就业地域人数的首位，从事第三产业人数占农民工就业产业选择的比例较高，自己上街去找和其他两项占总数的84.35%。

（二）家庭特征

从家庭特征变量来看新时期农民工就业选择的变化，家庭人口数量、病残情况与承包地是影响农民工职业选择的重要因素。

家庭成员越多，农民工就业愿望越强烈，老年人、子女日常开销、教育开支等经济需求是农民工外出务工的主要因素，"小娃娃在超市要吃东西，别人吃得起，你吃不起，怎么行？""地没了，不出去打工，水费、电费、燃气费怎么办？"等，这些看似简单朴素的理由，却凸显农民工外出务工最根本的根源：自身经济需求与外界经济影响。家庭关系越复杂，农民工选择就近地域就业的可能性越大。同时，年龄、婚姻状况、生育及子女现状也会对农民就业选择产生影响。

病残情况是农户致贫的主要原因之一。如果家庭中有一个病残成员需要照顾，迫使该农户至少一个劳动力无法外出务工，该家庭的经济情况与邻居家的经济状况相比就比较差。对于有残疾人、病号的家庭来说，一方面需要人照顾他们饮食起居，少一个外出务工者的经济收入，另一方面残病号需要不断治疗也需要不少的花费，往往这样的家庭处于贫困状态。

在调查中也有部分农民延续着"以农为主兼业"的传统打工模式，他们没有跳出农业生产的低效率的传统生产观念，不舍得流转甚至抛弃"保底"的耕地，被耕地死死地留在千百年的农耕生产活动中，耕地成为其脱离农村的羁绊。这类农民群体约占总数的36.94%左右，如果能够有效地将这部分农民从农村转移到城镇打工，这部分劳动力能创造的经济价值还是很客观的。究其部分农民死守耕地的主要原因在于：一方面觉得自己没文化没技术，出去找不到工作；二来由于家庭特殊情况导致无法外出务工，比如家中有病残成员的家庭；第三种是目前种地也能够养活自己，虽然不能发家致富，但也不至于挨饿受冻，没有轻松舒适的打工机会就不会出去务工，这点与农民工第二轮资本积累的心理状态相一致。

（三）地域政策与社会环境特征

社会环境是影响农民工就业选择的客观因素，而特定地域的政策也是影响农民工就业选择的特殊因素。在调查中，笔者也了解到农民多次提到就近就业遇到的难题就是某种程度上的潜在地域保护政策。譬如，某企业占用当地村民的土地，如果要用本地普通工人，首先要考虑被占地农民，然后在考虑周边地区农民，依次再考虑外地工人。在调查中也发现，占地企业通常会给被占地农民承诺优先让他们进场，这也说明农民工就业存在特定的地域保护政策，这种潜在的保护政策在一定程度上给予被占地农民一定的就业性补偿，不至于让其失去农业经济收入后直接坠入贫困，能够无须学历和技能又能够就近就业，应给予鼓励，但也在一定程度上限制了周边非占地农民的就近就业机会。

同时，受所处社会环境的影响，女性农民也逐渐摆脱农村"男主外、女主内"等传统观念的影响，开始闲不下来，多数选择在附近食品厂、电子厂等轻体力劳动企业上班。一方面由于家庭周边企业为女性农民工提供了就近的工作岗位，另一方面也是迫于整个社会经济环境的变化。城镇周边企业为农民提供了便利的就业条件，女性农民工既有了务工岗位，下班后又不耽误照顾家庭。

四、结论与对策

新时期是农民工资本积累的第二阶段，其就业选择不同于农民工资本积累的第一阶段。从整体上来看，新时期农民工的需求与务工观念发生了转变，这也推动新时期农民工就业选择出现了新特征，即就业地域渐近化、就业职业稳定化、就业渠道自力化及就业方式脱地化等。从个体特征、家庭特征及社会环境及政策来分析新时期农民工就业选择的新特点，固定变量（年龄、性别、家庭人口、病残情况等）与可控变量（职业技能、承包地情况与社会环境与政策等）均是影响新时期农民工就业选择的主要因素。由于固定变量的不可变性，要适应新时期农民工就业选择的新特征，不宜采取生硬的计划规制，而应积极采取柔性措施以适应新变化，维护新特征的合理健康发展，建议从可控变量着手，提出相应措施。

（一）协调小城镇产业联动，创造居住地周边"宜居宜工"的就近就业环境

协调城镇街道周边的一二三产业联动，在稳定第一产业劳动人口的基础上，增加城镇周边工业园区等第二产业就业岗位，同时提供更多的第三产业服务业就业机会，甚至鼓励有思想的农民就近创业。首先，鼓励新型农业经营主体的发展，为60岁以上的"老农人"提供发挥他们余热的农业生产岗位。我国的现代农业组织创新，关乎"三农"问题的各个方面，包括农业的市场化、专业化和社会化问题、农民收入问题和农村经济组织再造问题。现代新型农业经济组织的机械化程度越来越高，体力劳动量越来越轻等特征，"老农人"从城镇工业退休以后，开展适量的农业生产劳动，既有助于提高农民家庭收入，又补充了"农工荒"短缺的问题。其次，发展城镇周边工业园区建设。工业园区是镇域经济发展的基地和平台，能够加快城镇化、工业化步伐，两化互动发展。特别是工业园区为城镇化建设提供平台和空间，有利于产业集中和人口聚集，为城镇提供充足的就业岗位和第三方服务业需求，是统筹城乡协调发展的重要途径。最后，鼓励农民工参与服务产业就业和创业，消除企业用工时的女性歧视和年龄歧视。综而概之，城镇周边工业园区与现代农业产业共同推进的作用，坚持互动推进城镇化和工业化过程中增加农民收入，以新型一二三产业联动关系带动现代农业、现代工业和现代服务业协调发展。譬如，城镇周边工业园区带动下的城镇商贸、金融、物流中心建设，为居住地周边农民提供就近就业机会，快速增加农村适龄劳动力的经济收入。

（二）以就业稳定为主线推动农民安置就业，落实切实可行的技能培训

现行政府主导下的职业技能培训机制相对固化，不符合农民灵活就业的主体需求。当前行政干预下的职业技能培训存在着一定的弊端，更多的是在政策规定下开展的技能培训，多是为了完成行政指令下的政治任务。在这种观念主导下的职业技能培训，往往缺乏从培训对象角度考虑岗位薪资、就业稳定性等问题，多是为了体现就业安置率的高低，安置的就业岗位工资普遍较低，岗位稳定性差，出现了一定比例的辞职、跳槽现象。因此，以农民利益为主进行就业安置工作，就要求消除职业技能培训的政治意义，改变现行职业技能培训政府主导机制，交由市场来调配技能培训的岗位需求。首先，允许农民自由选择感兴趣或者能就业的培训课程，而不是为了凑人数强行适龄劳动力参加技能培训班。其次，将职业技能教育主办主体变更为职业培训学校，形成"校-工-企"多维利益平衡模式，由劳动力供需市场决定各方利益最大化，避开行政强制主导性，劳动保障部门实施培训监督和后勤保障即可。最后，技能培训形式要灵活多样，丰富工作日之外的夜校或者周末班等，给更多的适龄农民提供便利地且能够提高自身就业技能的学习机会。总之，改变现行政府主导下的职业技能培训机制，形成以保障农民薪资最优化、就业稳定性为主线的就业安置模式，真正推进农村适龄劳动力的职业稳定化。

（三）革新农民传统生产观念，促使农民脱离土地生产

改革开放以来，我国农村生产方式进行家庭联产承包责任制的改革，极大地促进农业发展，增加了农民经济收入。然而，这种分散的、零碎的农户经营模式仍然是农民传统观念存在的现实困境。传统农民惜地如命，短时间内难以真正放弃土地这个最后的生活保障。鼓励农民放弃个体农业生产，加入工业化生产，用工资来替代农业生产收入和增加经济收入。加大新型农业主体经营的宣传力度，采取"算账对比法"、实地考察等方法，让农民真正明白农业生产与工业生产效率上的差距，让他们主动放弃农业生产，脱离对土地的依赖，敢于进入工业生产和服务业经济活动。所以，新时期应革新农民传统生产观念，培养农民主体经济参与意识，进一步促进农民工脱地化生产。首先，要破除农民在长期土地生产中形成的固化观念，推动他们敢于脱离对土地的依赖。其次，破除自然农业经济和落后的小农生产方式，发展社会主义市场经济和现代化农业经营，实现农村市场的社会化、农产品的商品化和农业生产的现代化，在农村市场化浪潮中培养农民工主体经济参与意识。

（四）组合多样化就业渠道，提高农民就业自力化能力

传统的熟人介绍或同乡介绍是农村劳动力就业的主渠道，在信息快速传播的新时期，显然是无法满足农民工的就业需求。因此，整合政府、社会组织、用工企业及个体社会关系等多种资源，提高农民工就业自力化能力，组合成多样化的就业渠道已成为新时期农民工就业的现实需求。首先，增加政府主导下的农民工就业安置比例，同时劳动保障部门主动联络用工企业给农民工提供详尽的就业信息。其次，发挥社会组织的就业指导能力，比如透明化公益性职业介绍机构的服务，以及促使用工单位直接上门招聘等方式。再次，改变农民工传统就业渠道依赖观念，鼓励其通过电视、报纸等传统媒体，以及互联网、手机等新媒体招聘平台获取用工信息，并鼓励农村劳动力自己主动去寻找商业圈层的就业机会。最后，发挥多样化就业渠道效用的重要基础，即增加农民就业自力化的能力，提高其文化水平，培训其拥有一定的职业技能等。

第十章　家庭农场与农业高质量发展

推动农业高质量发展，是适应我国社会主要矛盾变化和全面建成小康社会、全面建设社会主义现代化国家的必然要求，也是遵循经济规律发展的必然要求。农业高质量发展是湖北社会经济高质量发展的重要内容之一。应通过建立和完善高质量发展的制度安排，推动资本下乡及人才回归，改善供给主体结构，发展生态农业，加强农业标准化品牌化建设，推动湖北农业高质量发展。

一、农业高质量发展的背景与意义

改革开放的 40 年以来我国取得了巨大的经济发展成果，成为世界第二大经济体。但经济高速增长模式存在着诸多问题：发展质量和效益低下、生态破坏严重、创新能力不够、农业和制造业水平亟待提高等，使得整个发展不平衡不充分。中央对经济年均增长速度控制在 7% 左右，说明我国的经济增长模式已进入转型期。对经济增长与发展模式转型的要求主要体现在三个方面：一是增长动力从"要素驱动""投资驱动"转为"创新驱动"；二是经济增长结构从低端产业为主转为高附加值产业为主；三是经济发展质量从过度重视速度转为注重发展质量和效益。[①] 在此背景下，习近平总书记在党的十九大报告中提出："我国经济已由高速增长阶段转向高质量发展阶段，正处在转变发展方式、优化经济结构、转换增长动力的攻关期，建设现代化经济体系是跨越关口的迫切要求和我国发展的战略目标。"推动高质量发展是当前和今后一个时期确定发展思路、制定经济政策、实施宏观调控的根本要求。2018 年国务院政府工作报告进一步明确了我国经济由高速增长阶段转向高质量发展阶段，之后提请十三届全国人大一次会议审议的政府工作报告提出的深度推进供给侧结构性改革等 9 方面的部署，都围绕着高质量发展。2017 年 11 月 29 日，中央农村工作会议提出"走质量兴农之路"，要"加快推进农业由增产导向转向提质导向"

---

① 柳卸林，高雨辰，丁雪辰. 寻找创新驱动发展的新理论思维——基于新熊彼特增长理论的思考 [J]. 管理世界，2017 年第 12 期，第 8～19 页

的要求；全国农业工作会议提出将 2018 年确定为"农业质量年"，明确了我国农业系统开启农业高质量发展的新征程。2018 年 4 月 24 日至 28 日，习近平总书记视察湖北并作了重要讲话，明确了新时代深入推动长江经济带发展的指导方针和新时代湖北高质量发展新篇章的战略目标，在新时代我省改革发展进程中具有里程碑意义。

党的十八大以来，我国粮食总产量连续增长，部分农产品产量稳居世界第一。这些成就是在我国农村劳动力特别是高素质青壮年劳动力持续转移、耕地特别是高质量耕地不断减少的背景下取得的。说明了我国农业的生产能力有了很大提高，为我国农业发展由增产导向转向提质导向提供了物质基础和社会条件，已具备条件和能力推进农业转型升级、朝着高质量发展的方向迈进。加快农业转型升级，推进农业高质量发展也是形势所迫、发展所需，具有重大意义：一是有效缓解农业资源环境压力，二是满足人民群众不断升级的消费需求，三是应对激烈的国际竞争。[①]

推动农业高质量发展，是适应我国社会主要矛盾变化和全面建成小康社会、全面建设社会主义现代化国家的必然要求，更是遵循经济规律发展的必然要求。农业高质量发展是湖北经济社会高质量发展的重要内容之一。湖北是中国重要的工农业省份，自古就有"湖广熟，天下足"之美誉，新中国成立以来一直是全国重要的农产品生产基地，承担着维护国家粮食安全的重大政治责任。推进农业现代化是湖北重大的政治责任。

二、相关文献回顾与评价

（一）关于经济增长方式的研究

经济增长方式狭义指 GDP 增长方式，广义指社会财富的增加方式。经济增长方式是指为推动经济增长的各种要素的组合方式和各种要素组合起来推动经济实现增长的方式。简单地说，是指经济增长来源的结构类型。

根据经济要素在经济结构中的地位和作用，迄今为止人类的经济增长方式从低级到高级依次经过了资源运营→产品运营→资产运营→资本运营→知识运营增长方式、要素驱动型→投资驱动型→创新驱动型增长方式；根据经济主客体的关系，人类的经济增长方式从低级到高级依次经过了资源配置型→资源再

---

① 农业部启动实施"农业质量年"行动［J］. 粮食科技与经济，2018 年，43（02）：1.

生型增长方式、外延扩张型→内涵开发型增长方式。知识经济时代，当前新常态经济的经济增长方式是知识运营增长方式、创新驱动型增长方式、资源再生型增长方式、内涵开发型增长方式的融合。创新驱动是经济增长方式由低级向高级转变的根本动力。在知识经济时代，政府宏观调控是一国经济增长方式由低级向高级转化的必要一环。经济学界从不同的角度对经济增长方式进行了多种不同的分类。①

1. 从经济增长效率的角度划分，分为粗放型和集约型

粗放型增长特征是高投入、高消耗、低质量、低效益，片面追求数量、产值和速度，忽视增长的质量和效益。集约型增长则主要依靠提高活劳动和物化劳动利用率来增加产品的生产量，更注重生产要素效率的提高，通过提高要素效率对经济增长的贡献来提高生产质量和增加社会效益，特征是低消耗、高质量、高效益。

2. 从扩大再生产的角度划分，分为外延型和内涵型

这一划分是根据马克思在《资本论》中的论述提出的。马克思说："如果生产场所扩大了，就是在外延上扩大；如果生产资料效率提高了，就是内涵上扩大。"苏联和美国等西方经济学家提出了两种不同的经济增长方式：一种是仅仅依靠增加自然资源、资本和劳动等生产要素的投入数量来扩大再生产及实现经济增长的方式，即粗放增长或外延增长（Extensive Growth）；另一种是依靠提高了资源或生产要素的利用效率来扩大再生产及实现经济增长的方式，即集约增长或内涵增长（Intensive Growth）。

3. 从经济增长动力的角度划分，分为投入驱动型和效率驱动型

这是西方经济学最普遍的分类方法，把影响经济增长的因素划分为两大类：要素投入的增加和要素生产率的提高。要素投入的增加是指劳动、资本和资源投入量的增加，要素生产率的提高是由知识进展、技术进步、规模经济、资源配置的改善等带来的。投入驱动型（Input－driven Growth）增长方式是指经济增长主要依靠生产要素（劳动、资本、资源）投入的增加；效率驱动型（Efficiency Growth）增长方式是指经济增长主要依靠生产效率的提高。

（二）关于高质量发展的研究

1. 高质量发展的内涵

盛朝迅（2018）认为，深入理解高质量发展的内涵，可以从五个方面入

---

① 史晋川. 论经济发展方式及其转变——理论、历史、现实［J］. 浙江社会科学，2010（4）：12－18.

手：宏观和微观相结合、供给和需求相结合、公平和效率相结合、目标和过程相统一的维度、质量和数量相统一。金碚（2018）从经济学的基础理论出发认为高质量发展是能够更好满足人民不断增长的真实需要的经济发展方式、结构和动力状态。

2. 高质量发展的动力变革

迟福林（2018）主张推动我国经济转向高质量发展，必须推动经济发展质量变革、效率变革、动力变革。金碚（2018）认为，推动高质量发展的新动力机制的内在要求是市场经济工具理性与经济发展本真理性的有效契合。陈昌兵（2018）认为，进入新时代，我国第一、第二和第三产业发展的主要动力已转换到创新上，创新是新时代我国高质量发展的动力。

3. 如何统领高质量发展

邵彦敏（2018）认为，推动高质量发展是当前和今后一个时期确定发展思路、制定经济政策、实施宏观调控的根本要求。新时代破解发展难题，必须用新的发展理念引领发展方向，即在创新、协调、绿色、开放、共享的发展理念战略引领下的发展。任保平等（2018）研究认为，高质量发展的评判体系包括高质量发展的指标体系、政策体系、标准体系、统计体系、绩效评价体系、政绩考核体系。

4. 如何推动农业高质量发展

张为付等（2018）认为，不论是农业、制造业还是服务业，都面临着总量增速放缓、质量和效率提升阻碍重重的现实难题，迫切需要探索出三大产业具有科学性和前瞻性的改革与发展方向，在产业良性互动中实现三大产业的高质量发展。农村生产性服务业的发展状况较差，推进农业农村现代化的前提之一就是推动现代服务业深入农村，助力农业现代化、农民职业化和农村城镇化革新浪潮。焦国栋（2017）认为，第一要深化供给侧结构性改革，推动产业结构和产品结构的转型升级；第二要加快建设创新型国家，以自主创新的技术带动质量效益提高；第三要实施乡村振兴战略和区域协调发展战略；第四要加快完善社会主义市场经济体制改革，增强经济发展的活力。姜长云（2018）认为，促进小农户和现代农业发展有机衔接，直指构建现代农业产业体系、生产体系、经营体系的薄弱环节，抓住了提升农民获得感、幸福感、安全感的难点所在。对于推动农业发展的质量变革、效率变革、动力变革，也可以发挥画龙点睛的作用。

（三）研究述评

推动我国经济由高速增长阶段转向高质量发展阶段，是我国经济在 30 多年高速增长之后突破结构性矛盾和资源环境瓶颈、保持我国经济持续健康发展的必然要求，实现更高质量、更有效率、更加公平、更可持续发展的必然选择，也是我国实现社会主义现代化的必由之路。前述的经济增长理论演进历程中，各种经济增长理论均有一定的理论优势，但都不可否认的存在缺陷，即不能直接照抄来用于解决我国的问题。具体原因为：一是各种经济增长理论均是在研究西方发达国家历史上某一历史时期的问题或现象时的成果，本身具有缺陷；二是我国是社会主义国家，有着自身的特殊国情；三是与经济增长方式转变相比，经济发展方式转变的内涵更为丰富。农业的高质量发展更是如此，更强调经济运行的质量、效益和结构，更注重全面协调可持续的发展和经济结构的调整，更加注重投资与增长、发展与民生、增长与环境、资源与人才、经济与社会等各方面关系的整体把握。本书为策略类研究，将综合运用各种经济增长、经济发展理论解决当前我国农业发展问题，农业的高质量发展，应是体现创新、协调、绿色、开放、共享发展理念的发展，也应是生产要素投入少、资源配置效率高、资源环境成本低、经济社会效益好的发展。

三、湖北农业高质量发展的约束性因素

中部地区是全国重要的原材料和农副产品基地，历来是我国重要的农业生产基地，也是我国"三农"问题最突出的地区。湖北在中部崛起中占有极为重要的战略地位，作为中部地区农业大省，湖北农业是中部崛起的"生命产业""优势产业""支柱产业"和"品牌产业"。推进农业现代化是湖北重大的政治责任。但目前整体上湖北农业现代化水平不高，农业产出率、资源利用率与农业大省的地位还不相称，湖北仍处于农业大省向农业强省跨越阶段。

（一）供给侧结构失衡，基础设施薄弱

供给侧结构失衡主要表现为：一是产业结构失衡。农业经济供需失衡、农业集约化水平偏低、产业化经营水平不高、农业科技支撑能力不强。农产品的加工业产值与农业产值之间存在着较大差距，农业中的真正价值难以体现。城乡要素对流不畅。二是农村劳动力结构失衡，农业发展面临人才缺口，适应不了现代农业发展需求。全省农村"空心化"现象突出，农村劳动力结构性矛盾和农业用工季节性短缺问题仍然存在，实用型人才"青黄不接"，基层农技服务部门后继乏人，全省农业发展面临人才缺口。农业基础设施和环境容量仍是农业发展短板。设施农业发展缓慢，主要作物机械化作业瓶颈亟待突破。[①]

（二）经营主体尚需培育、规模化水平普遍不高

经营主体上主要是存在"谁来种地"的难题。农业劳动力兼业化、老龄化现象明显，规模化水平普遍不高，耕地资源仍然处于小农户"各自为战"的状态。土地流转制度放开及规范不够，特色项目特点不突出，资源配置缺乏效率。[②] 2016 年，全省农业经营户 872.07 万户，其中规模农业经营户 18.36 万户。在工商部门注册的农民合作社总数 7.05 万个。小规模生产制约着农业现代化的进程。农业生产经营人员受教育程度构成方面，大专及以上湖北仅占比 0.8%，与全国平均数据 1.2% 相比有较大差距。规模农业经营户农业生产经营人员占比为 1.2%，也小于全国 1.5% 的平均数据。[③] 可见，农业生产经营人员受教育程度并不理想，缺乏先进农业生产技术和经营管理理念。另外，权责界定不够明确，利益联结不紧密。缺乏专业市场分析和经营管理人才，阻碍了新型农业经营主体的快速发展。支持政策有待系统化。近年来，农业生产的劳动力实际工资正以每年约 8% 的速度增长，劳动力机会成本显著提高，劳动力工资也对农业生产带来新的挑战。[④]

（三）绿色转型难度大

长期靠拼资源、拼投入的粗放型农业增长方式，导致农业资源过度开发，生态环境不堪重负。虽然有机农业的概念越来越被大众接受，但仍存使用化学肥料、农药、农膜以及污水灌溉情况，造成环境污染、耕地质量下降，对生态环境、食品安全和农业可持续发展构成威胁。另外，由于农户自身存在知识障碍、经济障碍、市场障碍，以及普遍存在投入成本高、回收周期长的情况，农业绿色防控技术推广难度大，农业生产经营人员绿色转型意愿普遍不强。很多生态农业的发展都是依靠企业牵动、政府补贴发展起来的。在环境卫生方面，湖北省第三次全国农业普查数据显示，2016 年末，全省 97.0% 的乡镇生活垃圾集中处理或部分集中处理。77.2% 的村生活垃圾集中处理或部分集中处理，但仅 14.8% 的村生活污水集中处理或部分集中处理。在农民生活卫生设施方

① 梅学书，高洁，黄璨，赵清强. 以供给侧结构性改革为抓手促进湖北农业再上新台阶 [J]. 决策与信息，2018（7）：10~26.
② 张琪. 基于 SPSS 的湖北各市州规模化农业功能倾向分析 [J]. 南方农机，2018（7）：20.
③ 湖北省第三次全国农业普查主要数据公报 [N]. 湖北日报，2018-01-20（008）.
④ 黄季焜. 新时期的中国农业发展：机遇、挑战和战略选择 [J]. 中国科学院院刊，2013（3）：295~300

面，36.5％的农户使用水冲式卫生厕所的 341.92 万户，6.1％使用水冲式非卫生厕所，使用卫生旱厕的占 13.2％，普通旱厕占 42.9％，无厕所占 1.2％。[①]

（四）产业竞争力尚需增强

存在农业龙头企业总体规模不大、实力较弱、辐射带动能力不强，缺乏先进技术、市场占有率较低等问题。产品结构方面，初加工、粗加工多，深加工、精加工少，附加值低。产业化利益联结机制方面，农业产业一体化组织内部结构相对松散。产业化布局方面，地区协调不够，重复建设普遍。下游产业特别是农产品加工业发展滞后，产业链衔接不紧密，中间组织发育不够，交易费用较高。缺少一批起点高、规模大、带动强、品牌亮的大型龙头企业。农村一二三产业融合发展程度不高。农业供给侧结构性改革在"十三五"乃至更长时间内，都是中国农村经济工作的主线。农业供给侧结构性问题，是新常态下农村经济发展的主要矛盾之一，需要长期努力来解决。[②]

四、湖北农业高质量发展的对策与建议

（一）建立和完善高质量发展的制度安排

"十三五"期间，中央全面推进农业供给侧结构性改革，着力解决国际国内农业资源配置、三产业之间资源配置、农业内部产业之间资源配置不合理问题。通过一系列政策措施在供给端化解农业过剩产能，调整和优化农业产业结构，扩大农业有效供给，解决供需结构性矛盾，将有利于湖北省加快农业生产要素自由流动，充分发挥市场在农业资源配置中的决定性作用，培育农业比较优势，提升农业竞争力。坚持现代化大农业发展方向，加快构建现代农业产业体系、生产体系、经营体系三大体系。实施结构调整行动，推进产业集群集聚发展。做优主导产业，做精特色产业，做大新兴产业，做强开放型农业，不断提升我省现代农业质量效益和市场竞争力。湖北农业区域发展情况千差万别，重构一个高效的省内"纵向治理体系"，通过鼓励区域发展竞争来提高地方政府的农村治理能力，有利于提高经济发展活力。打造省内各区域之间的"横向

[①]　湖北省第三次全国农业普查主要数据公报［N］. 湖北日报，2018−01−20（008）.
[②]　梅学书，高洁，黄璨，赵清强. 以供给侧结构性改革为抓手促进湖北农业再上新台阶［J］. 决策与信息，2018（7）：10～26

治理体系"，推动地方政府间的竞合关系。① 实现国土资源利用效率较高、要素密集程度较大、生态容量适度、区域发展差距较小的现代化经济体系的空间结构。

（二）推动资本下乡及人才回归，改善供给主体结构

农村三产业融合通过让农业参与到更大范围内的社会分工中而使农业获益。推动农村三产业融合发展，离不开专业大户、家庭农场、农民合作社、农业龙头企业等新型农业经营主体的广泛参与。培育多元化农村一二三产业融合主体，对于促进农业、农村经济发展方式转变，具有重要的现实指导意义。② 民间投资是重要的供给主体结构，民间投资的发展可以促进供给主体结构的优化，增强民间投资对经济增长的拉动力。进一步开放投资领域、优化投资环境。鼓励和引导企业、返乡能人、下乡人员开发农业农村资源。实施主体提升行动，建立一支新型职业农民队伍。推进小农户与现代农业发展有机衔接，让小农户分享农业产业链增值收益。推动乡贤治理回归，增强乡村的治理力量。借助乡贤整合乡村内外各种社会资源，凝聚村民共识。③ 在乡村治理中形成多元治理主体的合力，弥补现行治理体系的不足，提升乡村公共服务的能力。发挥农民工特别是新生代农民工创业群体的潜能。坚持返乡创业与脱贫攻坚、政府引导与市场主导相结合，坚持平等受惠和差别帮扶、示范引领和全面推进相结合，全方位优化创业环境。落实《全省农民工等人员返乡创业三年行动计划》，激发农民工等人员返乡创业热情，吸引更多外出能人回乡创业，推动更多人才、技术、资本等资源要素向农村汇聚，促进人员回归、资金回流、项目回迁，为乡村振兴注入新动能。

（三）发展生态农业，助推农业绿色发展

生态农业是农业现代化的重要组成部分，也关系到农业的可持续发展。应将发展生态农业纳入到各地区政府的农业考核指标中，从制度上保障生态农业的实施。继续抓好资源节约型、环境友好型社会建设，形成节约资源和保护环境的空间格局、产业结构、生产方式、生活方式，推动村庄环境整治常态化、长效化。加强产地环境的监控与治理，开展植树造林活动以提高林地指数，合

---

① 周伟. 优化与整合：地方政府间区域合作治理体系重构 [J]. 长江论坛, 2016, No. 220 (4)：72～73.

② 姜长云. 促进小农户和现代农业发展有机衔接是篇大文章 [J]. 中国发展观察, 2018 (z1).

③ 李建兴. 乡村变革与乡贤治理的回归 [J]. 浙江社会科学, 2015 (7)：82～83.

理加大水资源开发力度，改善农田排水系统，逐步加大生物农药施用量的比重。另外，湖北各地自然条件、生态环境、资源状况和社会经济条件差别较大，应根据地方特点，趋利避害、扬长避短，选择"最佳"生态农业模式。

（四）加强农业标准化品牌化建设

品牌是企业无形资产总和的全息浓缩，已成为一种战略性资产和核心竞争力的重要源泉。推进农业品牌化，对于加速我国农业转型升级、促进农民增收、满足消费升级需求和提升农业国际竞争力具有重要意义。湖北农业处于传统农业向现代农业的转型期，面临城乡一体化、市场化、国际化程度不断加深的新形势。当前，湖北农业已进入农业品牌重点培育、加快发展的新阶段，应与优势区域相结合打造"湖北粮，荆楚味"地域品牌、与安全绿色相结合打造产品品牌、与原料基地相结合打造企业品牌。一是构建市场为主体的政府、协会和企业共同推进农业品牌化机制，搞好优质粮油品牌的宣传推介，如虾香稻、富硒米、菜籽油等地域特色品牌的培育工作。二是努力实现品牌化与产业化、规模化、标准化、组织化良性互动，发挥好区域公共品牌的示范引领作用，支持潜江龙虾、宜昌蜜橘、房县花菇、秭归脐橙等龙头企业做大做强，提升优质农产品市场占有率和品牌美誉度。三是强化标准化意识，提高品牌科技含量，实现优质化、特色化、标准化、品牌化。

（五）加强基层政府的治理能力建设

税费改革后，村级组织在农村政治、经济、社会生活中所发挥的作用严重下降，整合社会功能弱化。而村级组织是党和政府联系广大农民群众的桥梁，是党在农村最重要的执政基础。切实增强村级组织的治理能力，充分发挥村级组织的作用，是推动社会主义新农村建设顺利进行的必然要求。充分发挥村"两委"作用，不断提高村级组织社会管理和公共服务的能力和水平。进一步加强村"两委"建设，壮大农村新型集体经济以夯实乡村治理的经济基础，推进社会管理和公共服务，建立多元乡村治理体系，发挥新型农业经营主体的示范带动作用，必将为农村事业的发展注入强大的活力。

从高速增长阶段转向高质量发展，无论是在理论上还是在实践上都是一个重大挑战和艰巨任务。应深刻把握习近平总书记重要讲话的核心要义和精神实质，以全国的视角、历史的眼光、横向对比的角度，坚持理论联系实践，客观考量湖北农业高质量发展的优势、劣势，充分发挥湖北农业资源大省、科教大省优势，走出一条产出高效、产品安全、资源节约、环境友好的农业高质量发展之路。

第十一章　湖北家庭农场发展策略研究

　　党的十八大报告明确提出的"四化"同步发展是在新的形势下实现科学发展的重要指针，是湖北实现科学发展、跨越式发展的根本路径。推进农业现代化是湖北重大的政治责任。通过问卷调查、随机访谈等形式，对首批湖北省级示范家庭农场的 111 家农场进行调研，结合湖北家庭农场内外部影响因素，从宏观政策的支持大局入手，研究湖北家庭农场农业产业模式发展的创新机制与途径。

一、问题的提出

　　卢锋（2001）认为，中国农村贫困人口的急剧减少要归功于市场化改革以及伴随着的经济增长，贫困率的绝大部分变化能够用经济增长来解释，经济增长是贫困减少的最重要因素。[1] 肖桂云和程贵（2000）回顾了我国政府治理农村贫困的历史过程，分析了我国反贫困战略的选择。[2] 赵秋喜（2003）认为，如果农民的贫困现状长期得不到改善，他们就会形成自己消极的亚文化，并通过世代影响使贫困现象长期持续。[3] 笔者根据武汉市农村劳动力就业情况的问卷调查结果，认为新时期农民工进一步选择完全脱离土地进行非农生产活动，农民工就业日益呈现完全脱离土地的特点。[4] 何剑、肖凯文（2017）研究认为，民生财政支出及其资金的"农村倾向"投向特征对减缓贫困具有显著的促进作用，民生财政在总体上促进了农村反贫困进程。湖北家庭农场概念的提出

---

① 卢锋. 中国：探讨第二代农村反贫困策略 [M]. 北京大学中国经济研究中心，2003，C2001004：43～46

② 肖桂云，程贵铭. 贫困文化与文化扶贫 [J]. 中国农业大学学报（社会科学版），2000（3）：68～73.

③ 赵秋喜. 谨防农村滑入文化性贫困的境地 [J]. 理论学习与探索，2003（5）：6～8.

④ 张文洲. 新时期农民工就业选择的新特征调查 [J]. 经济纵横，2016，362（1）：49～54.

和政策支持以及贴息财政贷款都显示从政策角度明确了对湖北家庭农场模式的支持。[①]

由于自然条件和基础设施的制约、教育水平落后、农村保障体系不健全等原因，我国农村贫困存在多样化和不均衡化，亟待财政政策因地制宜地执行。[②] 改革开放在我国农村取得了成功，但是也使得农村的贫困问题日益突出。而解决农村贫困问题的有效途径之一即为财政农业支出。[③] 杨晶（2015）对《中国农村扶贫开发纲要（2011－2020 年)》出台后我国政府推出包括整村推进、产业开发、劳动力转移培训等专项扶贫财政政策进行了解析，阐述了相关问题。[④]

资产社会政策的积极倡导者迈克尔·谢诺登（Sherraden·Michael）教授倡导以"资产"为基础的社会救助机制，通过政府、家庭及就业三项经济来源来鼓励贫困户家庭累积金融性的资产并提升其理财技能，其所形成的福利效果在短期内不但可以提升贫困家庭的基本消费水准，在长期上还可以由累积的资产衍生出更多的所得收入继续提升其消费水准或累计更多的资产。[⑤]

2011 年年底，党中央国务院召开了中央扶贫开发工作会议，出台了《中国农村扶贫开发纲要（2011－2020 年)》（中发 [2011] 10 号)。《纲要》要求，我国扶贫开发开始从以解决温饱为主要任务的阶段转入巩固温饱成果、加快脱贫致富、改善生态环境、提高发展能力、缩小发展差距的新阶段。这种制度上对农村和农产品发展下达了第五阶段的要求，在财政政策上要加强"授之以渔"的力度，对待农村要真正从政策和资金上双管齐下，进行正确的引导。从区域化着手，以湖北家庭农场的机制与途径创新为引入点，对农村产业的发展研究，探索农业发展的新型化正是本书研究的目的所在。

二、创新背景与数据来源

（一）背景分析

湖北省作为我国重要农业省份之一，近几年的发展数据表明，湖北城乡收

---

① 何剑，肖凯文. 西部农村地区民生财政政策的反贫困效应研究——基于民生财政政策的二元结构特征 [J]. 长白学刊，2017 (3)：94～102.

② 束凡玮. 中国农村反贫困的财政政策研究 [J]. 对外经贸，2010 (7)：72～73.

③ 何胜红. 社会资本视角下的城市反贫困路径探讨 [J]. 中国外资，2011 (14)：177～177.

④ 杨晶. 新世纪以来我国农村反贫困政策回顾 [J]. 商业经济研究，2015 (4)：103～104.

⑤ 迈克尔·谢若登. 资产与穷人：一项新的美国福利政策 [M]. 商务印书馆，2005.

入差距基本处于我国中部地区平均水平，居民个人收入分配领域出现了许多不公平的现象，严重制约着我省民生问题的改善和综合实力的增强。同时，2001年以来城乡收入差距一直在扩大，农村居民人均纯收入的增长幅度要落后于城镇居民人均可支配收入的增幅，既成为"内需不足"的重要原因之一，也影响社会和谐与安定。[①]

相对于传统农业而言，现代农业以其技术先导性、要素集约性、功能多元性、效益综合性和持续性等特征，使其成为我国农业发展的必由出路，成为我国转变经济发展方式、全面建设小康社会的重要内容，成为提高农业综合生产能力、增加农民收入、建设社会主义新农村的突破口。[②]。

（二）数据来源

为了准确掌握湖北省家庭农场的发展情况、存在问题及制约瓶颈，笔者通过问卷调查、随机访谈等形式，遵循随机抽样和整体抽样相结合的原则，随机抽取湖北省农业厅公布的首批省级示范家庭农场中的 111 家家庭农场，从经营主体、经营规模及土地来源、要素投入、收益、销售渠道和政策支持等几个方面进行了调研（见附录七）。

1. 经营主体方面

调查结果显示，111 位家庭农场主平均年龄为 45.98；学历结构如下：小学及小学以下为 5.6%，初中为 29.6%，高中及中专的为 46.3%，大专及以上占 18.5%。可见，农场主大多受教育程度并不理想，缺乏先进农业生产技术和经营管理理念。经营形式方面，数据分析显示个人独资企业的比例最大，为 52.3%。其次为个体工商户（非法人），占 36.7%。合伙制与公司制均占比为 5.5%。表明虽然多数个人独资企业为主，但少数农场主在形式上有所突破。经营范围上，以种植型和种养型为主，分别为 47.7% 和 30.6%。养殖型的比例为 16.2%，生态循环型和休闲型相对较少，均为 2.7%。

2. 经营规模及土地来源方面

流转土地的来源上，53% 的家庭农场通过村合作组织、21% 通过公开市场、23% 通过其他来源、3% 通过村合作组织和公开市场取得土地来源。这说明村合作组织在土地流转中发挥了重要作用，也表明流转土地来源的多样化。流转土地的方式上，租赁、转让、合作、互换、转包分别为 60.9%、18.4、

① 何瑾，张启春. 湖北省城乡居民收入差距的影响因素分析——基于 2001—2010 年的时间序列相关数据［J］. 湖北社会科学，2015（9）：68～73.

② 邓秀新. 现代农业与农业发展［J］. 华中农业大学学报（社会科学版），2014，33（1）：1～4.

5％、3.4％和12.6％。57.4％的农场主认为土地规模达到了自己的经营要求，42.8％的农场主对目前的经营面积不满意。土地流转过程不规范，表现在农户长期流转意愿不强、流转期限普遍偏短，同时土地细碎化问题也阻碍规模连片经营和机械化作业。

3. 资金来源方面

资金来源以自筹为主，89.9％通过自筹资金方式。获得银行贷款的农场主仅为38.4％，24.2％的农场主通过民间借贷获得资金。通过担保和抵押借贷方式筹集资金分别为70.9％和25.6％。抵押借贷方式上主要抵押物为房产或土地的使用权。对融资方式基本满意的占44.9％，不满意的为50.5％，非常满意的只占4.7％。调查发现，农业生产周期较长，回报见效慢，前期投入资金较高，资金需求较大，传统的小额信贷额度过小难以满足需求，又因缺乏有效的抵押物难以满足银行的借贷条件，融资难问题普遍存在。

4. 要素投入方面

截至2016年底，111家家庭农场累计投资平均为704.41万元，但投资规模数量上差距很大，最多的为8000万元，最少的仅为4万元。53.3％聘用有技术人员，46.6％未聘用技术人员，55.7％与技术单位有合作，44.3％未有合作。对技术运用感到非常满足的占20％，基本满意的占61％，不满足的占20.6％。

5. 收益方面

94家农场主参与回答了2016年家庭农场的总收入，平均收益为309.35万元，但收入参差不齐、差距极大，收入最多的达6000万元，也有亏损数十万元的。部分受气候如干旱、水涝影响致使收入不高。部分因投入周期长还未到收益期。而2014年平均收益为117.35万元，总体上看效益递进明显。

6. 销售渠道方面

40.4％与有关的农业企业或专业合作社从来没有合作关系，33.3％偶尔有，经常有的占26.3％。是否拥有品牌方面均为50％。品牌认知上，68.8％认为知名的品牌能带来相应的经济回报，但仍有高达31.2％的人认为无所谓或持反对意见。农产品销售存在的困难方面，销售价格太低、没有销售渠道、产品附加值太低最为突出，分别为37.％、32％、29％（参见图11－1）。

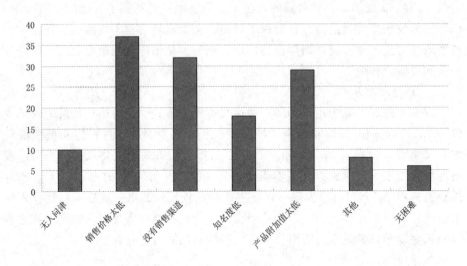

图 11-1　农产品销售存在的困难

销售方面最需要的帮助方面，多达 69％的农场主需要政府相关政策支持，47％需要拓展销售渠道（参见图 11-2）。

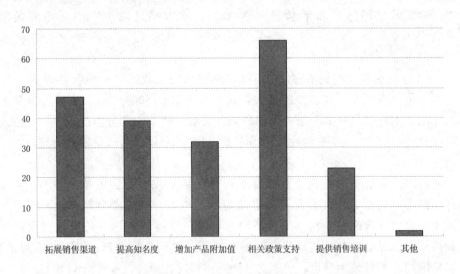

图 11-2　销售方面最需要的帮助

7. 政策支持方面

最需要政府给予扶持方面，资金来源和基础设施建设呼声最多，分别达47％、45％，其次是技术支持和土地流转，均为 34％（参见图 11-3）。调查显示，农业投入不足、农业生产条件特别是农业基础设施落后，抵御自然灾害

的能力较差，农业效益在很大程度上取决于天。农业科技长期投入不足，农技
创新与推广和农村教育相互脱节。

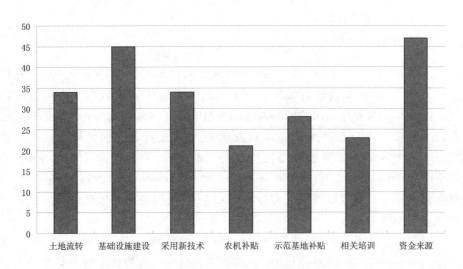

图 11－3　最需要政府给予扶持

调查发现，惠农政策解读、农村信用贷款是农场主最需要的公共服务（参
见图 11－4）。

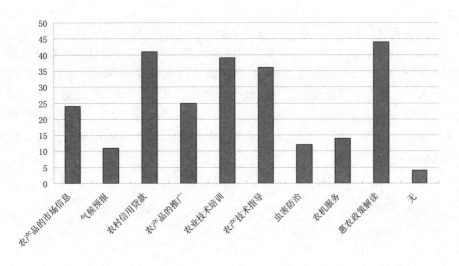

图 11－4　最需要的公共服务

三、湖北家庭农场的发展机制与途径

(一) SWOT 分析

本书的研究方法突出实证研究（Case Study）为主，内容分析法（Content Analysis）为辅的策略，一方面对湖北 111 家家庭农场进行抽样调查，结合湖北农业厅的相关资料进行调查与收集，尽量客观与完整地进行数据整理和分析，以分析整个湖北家庭农场的经营机制现况和发展途径，运用 SWOT 架构对湖北家庭农场发展的优势（Strengths）、劣势（Weaknesses）、机会（Opportunities）以及外在环境的威胁（Threats）进行分析，S 与 W 可视为湖北家庭农场发展的优、劣势，而 O 与 P 则视为湖北家庭农场外在环境的机会与威胁。

SWOT 架构由优势（Strengths）、劣势（Weaknesses）、机会（Opportunities）与威胁（Threats）等四部分组成。优势和劣势主要在于考量湖北家庭农场内部的条件是否有利于结合当前政策进行发展；机会和威胁是针对湖北家庭农场外部环境进行分析，探讨对湖北家庭农场未来发展机制和途径的影响因素，总结湖北家庭农场机制与途径创新的症结所在，进行相应的策略设计。

在 SWOT 分析后，采用学者 Weihrich（1982）提出的矩阵（Matrix）的方式进一步分析湖北家庭农场面临的内部优势、劣势和外部机会、威胁（如表 11－1 所示）。从本质上讲 SWOT 矩阵策略配对（Matching）方法主要体现在：SO 策略表示使用强势并利用机会，即为"Maxi－Maxi"原则；WO 策略表示克服弱势并利用机会，即"Mini－Maxi"原则；ST 策略表示使用强势且避免威胁，即为"Maxi－Mini"原则；WT 表示减少弱势并避免威胁，即为"Mini－Mini"原则。

表 11－1　　　　　　　　湖北家庭农场 SWOT 分析 SWOT 矩阵

	机会（Opportunities） 1. 国家政策支持； 2. 地方区域农业经济突破； 3. 规模化农业的崛起。	威胁（Threats） 1. 国际先进农业的竞争； 2. 电商时代亟待改变。
优势（Strengths） 1. 湖北地处中部，有着独特的自然资源和农业资源优势； 2. 地理位置显著，交通便利； 3. 以武汉为中心，有着中心城市群的经济实力； 4. 湖北地方积极开放的农业政策。	S/O： 1. 充分响应国家农业政策，建立规模化，集约化农业种植； 2. 利用中部地区区域化发展的机会和优势，结合自然条件和外部环境，建立湖北特色家庭农场。	S/T： 1. 透过地区优势农业创造竞争优势； 2. 规模化家庭农场创新农产品，刺激农产品消费市场； 3. 整合各项农业资源，利用政策支持，提高农业质量。
劣势（Weaknesses） 1. 区域客观条件制约； 2. 缺乏规模化现代农业的先进经验； 3. 特种种植缺乏产销渠道； 4. 资金不足，贴息贷款满足不了大范围需求。	W/O： 1. 借力打力，借助区位的客观劣势，转化为独特优势，逆势发展 2. 与国外先进农场合作，或开发产销联合 3. 加强区域性特种种植开发 4. 借助政府支持，多方面多渠道申请农场贷款等资金支持	W/T： 1. 进行农场产品多样化、差异化发展，提高竞争优势 2. 提高现代农场水平，提高源头质量和效率 3. 结合电商时代的要求，加大电商源头供货，提高营销力度

（二）途径创新

1. 产品策略

（1）湖北家庭农场农产品的确立。如图 11－5 所示，将 A、B、C、D 导入，建立矩阵。

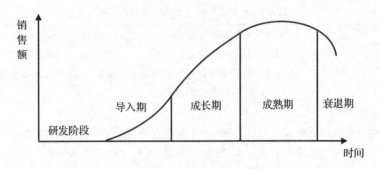

图 11－5　湖北家庭农场生命周期

A. 导入：湖北家庭农场农产品进入市场阶段，消费者对产品不太熟悉，这一阶段亟待探索和开发市场，提高湖北家庭农产品的市场占有率，确立农产品在市场上立足，进一步提高农产品的知名度。湖北家庭农场的进一步策略就是要拓展市场、渗透市场，提高家庭农场和农产品的吸引力。从绿色农场和有机农场等角度，结合现代发达国家农场经验，拓展农产品的种类和源头质量，从绿色持续性发展考量，扩大消费者对湖北家庭农场的正确认知，以及对农场农产品种类的质量认可。进入市场的初级阶段，从农场的长远发展进行宏观价格调整，用正确的价格观来赢得市场支持率，与此同时，加强同同类国内外先进农场战略进行比较评估，有效提高竞争优势。

B. 成长：湖北家庭农场及农产品确立一定的市场占有率后，逐步在市场站稳脚，集中了外部的竞争和外部劣势，竞争将逐步激烈。这一阶段，湖北家庭农场要占据区域优势，从区域出发，从实际开展竞争，进行多样化的产品策略，进行占有率的拓展和渗透，逐步抢占农场农产品的战略制高点，并在市场定位认同下，进行农场集约化的优化，对农产品从产到出，进行改良、创新，确立湖北家庭农场的品牌化发展路径，与区域旅游优势联合，提高湖北家庭农场的知名度和市场占有率。

C. 成熟：当湖北家庭农场品牌化和知名度达到一定高度时，农场农产品的市场占有率和销量都达到了一定的高峰，这时要稳步地评估和优化农场发展的整个过程，在成长率逐步放缓的走势下，竞争来自湖北省内省外，乃至国外的先进农场及农产品竞争会进一步达到竞争激烈化。这一阶段，要严格地评估农产生产和运行过程以及农产品的残次率，及时根据农场发展的实际和市场竞争态势，进行产品策略的调整，并适时调整和修正，维护湖北家庭农场的品牌定位和农产品的竞争优势，并根据市场需要进一步定位和开发。目前，湖北家庭农场及农产品尚处于发展初级阶段，需要面对成熟阶段的未雨绸缪。

D. 衰退：这一阶段，湖北家庭农场会面对市场发展的规律，在面对农场品牌持续化和农产品销售量下降趋势时，应对逐步淘汰的品牌策略和农产品，要及时根据市场反馈，进行综合评估，需求再定位。

（2）产品策略。家庭农场模式的发展是充分响应党的十八大新型农业发展要求下，根据湖北省的特殊情况，从实际出发，在政府政策和资金支持下，湖北农业和农产品的发展需要走现代农业的发展道路。这也是农村扶贫工作的发展要求，湖北家庭农场的提出，改变了以往"承包制"的单一化和分散化，通过家庭农场的现代化和集约化，一方面与湖北特色旅游结合，另一方面开发湖北家庭农场的特色农产品，凸显农业发展的特色化和区域化特性。

A. 产品定位：凸显特色，主题更明确。湖北家庭农场要凸显中部区域性的特点和优势，将农场的经营进行"三位一体"的突出，即可开展合生产、生态、生活三生合一的农业经营方式，开发绿色有机的农产品品牌，并与湖北区域旅游模式结合，开展绿色旅游农场。

B. 功能策略：湖北家庭农场，除了生产和经营农产品外，可以开发农场以及农产品的特色旅游产品，以及生态实验田，将休闲与教育、市场与产品进行充分搭配。

C. 产品创新策略：针对市场现有的区域性农产品以及省外和境外农产品，进行品种引入，并结合本地的环境和土壤优势，进行品种改良和培育，进行品牌化和特色化农产品的创新。

D. 透过家庭农场品牌和农产品"差异化体验"，进一步创造和构造竞争优势，培养和维系客户对湖北家庭农场和农产品的忠诚度。

E. 服务策略：加强湖北家庭农场的基础设施建设，从娱乐、教育、体验、生态旅游以及体验等角度入手，优化湖北家庭农场的服务功能。

2. 价格策略

由于湖北家庭农产模式起步晚，尚处于探索阶段，在综合平衡目标、市场需求状况、农场成本、顾客反应、竞争水平及质量等因素后，进行比较性的决定价位确定。与此同时，价格会因市场、竞争、供需双方交易关系、顾客认知、法律等因素，影响其定价。价格策略包括价格高低策略与价格变动决策，如价格之高低、折扣、变动时机、变动幅度、变动频率等，包括差别取价、价格折扣、付款期限、顾客认知的价值、根据服务的质量定价。

（1）成本导向策略。成本导向定价，是以成本考量作为定价基础的方法，基本上不考虑需求面与供给面的问题。湖北家庭农场可以进行联合促销，吸引注意力，并进行产品组合策略，创造竞争价格优势。

（2）竞争导向策略。湖北家庭农场要以市场上的竞争者的价格作为产考依据进行价格定位，以精准定位和区域定位来推出新产品，并以新型价格进行促销，营造出消费者对产品会有一种物超所值的感觉。

（3）需求导向策略。湖北家庭农场在初级阶段要以本地的市场需求为基础，进行定价参考，当市场需求高时定价就高，市场需求低时定价就低，初期在同产品上，可以采取低价策略，吸引消费者，提高产品市场占有率。

（三）创新政策分析

传统农业企业间点的竞争时代已经过去，以后的企业竞争将是由价值链织成的价值网之间的整体比拼。农业产业链延伸主要包括农产品深加工和科技创新两种模式，需要技术创新、知识管理和利益分配的农业产业链促进机制。[①]同时，家庭农场主综合素质不高的实际情况，影响了家庭农场生产经营效益的提高，制约了现代家庭农场的发展需要。要采取切实有效的措施，不断提升家庭农场主的综合素质。加大对家庭农场主的农业生产技能的培训，培养产品意识、竞争意识和品牌意识，提高家庭农场主的经营管理能力，提升家庭农场主的科学素养。

与此同时，还要看到农村产业发展的局限性和部分不合理性，我国扶贫资金除了中央和各省市的财政拨款外，还有相当一半左右的资金来自中国农业银行的扶贫贴息贷款。谈到"贷款"，农户及农业产业在银行和政府贴息的基础上，依然偿付一部分利息。但是，现实情况是，在银行为了确保贷款本金和利息回报的基础下，大部分的扶贫贷款并没有真正的投向农业产业（参见图11—6），这与银行在贷款审核时，在银行的贷款放行条件和举动下，直接造成了大部分贴息贷款并没有真正地投向农业产业，而是投向了相对条件好，收益可靠的中等富裕或相对发达地区，而获得农村扶贫贴息贷款的人群可能农业产业户，家庭种植业、养殖业、加工业等项目却没有获得较高的扶贫贴息贷款支持，而多是投向了回报时效快，回报率高的行业了。这就需要从监督入手，促进农村产业的政策支持和资金补贴有效到位，促进农业产业的健康发展。

① 丁家云，周正平. 基于农业产业链延伸的农产品国际竞争力研究［J］. 南京审计大学学报，2015，12（3）：26~34.

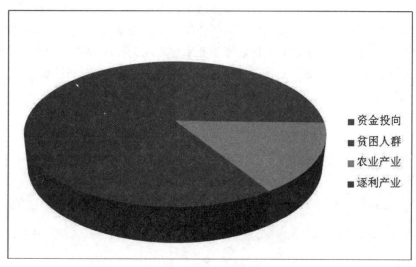

图 11－6　政府和银行对农业产业资金投向分布图（来源：国家统计局）

习近平在 2016 年主持召开农村改革座谈会上明确要求："发展现代农业，要在稳定粮食生产、确保国家粮食安全基础上，着力构建现代农业产业体系、生产体系、经营体系，加快构建职业农民队伍，形成一支高素质农业生产经营者队伍。"农民的市民化、土地的规模化、农业现代化必将是一个漫长的过程，需要按照事物发展的内在规律，引导土地经营规模的自我演化，循序渐进地实现农业规模经营，才是符合我国实际国情的正确思路。应把家庭农场嵌入农业产业链，拓展合作领域，加大政策扶持、完善土地流转制度和培育新型职业农民，对合作社进行综合提升。①

四、结论与政策启示

我国是农业大国，也是发展中国家，尽管改革开放后，我国在经济、工业生产和商业贸易等领域取得了惊人成就，但相对于我国巨大的农村人口以及较高的农村贫困人口基数，我国社会主义现代化的建设道路还任重道远。

改革开放以来，我国在农村发展战略支持经历了五个阶段，从完全的经济货币或价格投入，到技能和产业的转变，都显示出了我国对农业发展的策略在加强。农村和农业的发展是一项长期政策，从中央到地方，都在执行和深入探

---

① 彭青秀. 基于农业产业链视角的农民专业合作社经营模式研究 [J]. 河南农业大学学报，2016（1）：129～133.

索。党的十八大已出台了对农业产业调整的相关政策，这就需要从机制和途径等多角度进行农业产业的多元化、品牌化探索，以及从政府监管和制度约束等角度多元化地监督，从根本上促进以湖北家庭农场为代表的农业产业化无论是从政策支持上、资金支持上，还是从自身突破上，充分与市场接轨、可持续化地绿色的发展。

第十二章　湖北家庭农场：现状、约束与发展思路
——基于湖北省 111 家示范农场的调查

发展家庭农场有助于推进二元经济结构转换、缓解家庭联产承包责任制递减效应、解决土地空心化和土地撂荒现象，是我国现代农业发展、实施乡村振兴战略的必然要求。推动家庭农场发展契合湖北经济社会发展阶段。然而，湖北省家庭农场的发展仍然面临一些问题和发展困境。因此，要从延伸产业链、增加附加值、落实技能培训、打造品牌、加强基础设施建设、改变补贴方式、深化农地制度改革等方面扶持和引导家庭农场发展，助推湖北现代农业发展。

一、湖北家庭农场发展总体情况

自 2008 年的党的十七届三中全会报告首次将家庭农场作为一种新型农业生产经营组织形式提出，家庭农场被视为农业农村改革的新路径。党的十八大以及 2013 至 2017 年中央 1 号文件都明确提出要加快构建新型农业经营体系。在此大背景下，湖北家庭农场的发展如雨后春笋。总体看来，湖北省家庭农场的发展态势良好。资料显示，截至 2016 年底，全省在工商部门登记注册的家庭农场达 25630 个，较上年底增加 28.6%，经营面积 1693.8 万亩，占全省耕地流转面积的 16.8%。

二、湖北家庭农场发展约束

（一）经营主体综合素质不高，缺乏现代企业管理整体观念

对 2014 年湖北省 111 位全省示范家庭农场主的调查显示：小学及小学以下为 5.6%，初中为 29.6%，高中及中专的为 46.3%，大专及以上占 18.5%。农场主大多受教育程度并不理想，缺乏先进农业生产技术和经营管理理念。经营形式上以个人独资企业为主，经营范围上，以种植型和种养型为主，生态循环型和休闲型相对较少。家庭农场经营主体综合素质不高的实际情况，影响了

家庭农场生产经营效益的提高，制约了现代家庭农场的发展需要。

（二）土地流转过程还需规范，收益差距较大

53％的家庭农场通过村合作组织、21％通过公开市场、23％通过其他来源、3％通过村合作组织和公开市场取得土地来源，说明村合作组织在土地流转中发挥了重要作用，也表明流转土地来源的多样化。流转土地的方式上，租赁、转让、合作、互换、转包分别为60.9％、18.4、5％、3.4％和12.6％。57.4％的农场主认为土地规模达到了自己的经营要求，42.8％的农场主对目前的经营面积不满意。农户长期流转意愿不强、流转期限普遍偏短，同时土地细碎化问题也阻碍规模连片经营和机械化作业。与2014年平均收益相比，近两年效益递进明显。但2016年因受气候如干旱、水涝影响致使部分家庭农场收入不高，部分因投入周期长还未到收益期，导致各家庭农场收入参差不齐、差距较大。

（三）品牌建设意愿不强，销售渠道多样性不够

仅有一半的家庭农场拥有自己农产品的品牌，而在这部分家庭农场中真正通过塑造自己的独特品牌以提高销售的少之又少。品牌推广难度较大，整体意愿不强。品牌认知上，68.8％认为知名的品牌能带来相应的经济回报，但31.2％的认为无所谓或持反对意见。销售渠道方面，40.4％与有关的农业企业或专业合作社从来没有合作关系，有合作关系的仅占26.3％。大部分农产品仅在自身所在区域内销售，品牌推广力度明显不够。在销售渠道上大多是通过集贸公司、销售公司和专业市场以及直接卖给消费者，而通过中间商又削弱了农产品的品牌营销。仅有28.6％的家庭农场通过网上电子商务平台进行销售且效果并不理想。调查显示，多达77％的家庭农场认为需要拓展销售渠道，69.2％的农场主表示需要政府相关政策的支持。

（四）一二三产业融合不够，农产品附加值低

家庭农场农业科技工作的重点主要集中在生产前和生产中这两个阶段，忽视农产品产后领域的投入。多数家庭农场都存在新产品开发能力弱、产品加工技术水平落后的特点，很多家庭农场的农产品装备还停留在20世纪80年代的水平。许多产品经过简单加工后就投放市场。二次以上深加工严重不足，一二三产业融合明显不够。导致农产品市场整体呈现出初级产品多精深加工产品少、生食多熟食少、低价产品多高价产品少等现象。而低加工层次、低附加值的普遍情况直接导致低经济效益。

(五) 融资难问题普遍存在，信贷难以满足需求

资金来源以自筹为主，89.9％通过自筹资金方式。获得银行贷款的农场主仅为38.4％，24.2％的农场主通过民间借贷获得资金。通过担保和抵押借贷方式筹集资金分别为70.9％和25.6％。抵押借贷方式上主要抵押物为房产或土地的使用权。对融资方式不满意的占50.5％，农业生产周期较长，回报见效慢，传统的小额信贷额度难以满足需求，又因缺乏有效的抵押物难以满足银行的借贷条件。最需要政府给予扶持方面，在资金来源和基础设施建设两方面呼声最多，分别达47％和45％，其次是技术支持和土地流转，均为34％。农业生产条件特别是农业基础设施落后，导致抵御自然灾害的能力较差。农业科技投入不足，农技创新与推广和农村教育相互脱节。

三、湖北家庭农场发展思路建议

(一) 注重政策的衔接性，循序渐进推进发展

家庭农场发展是中国农业经营制度的一次重大制度变革和创新，与20世纪70年代末期的家庭承包制改革有巨大区别。要按照事物发展的内在规律，引导土地有序流转和经营规模的自我演化，循序渐进地实现农业规模经营，才是符合湖北实际的正确思路。要正确理解家庭农场转变农业发展方式、农业生产经营体制机制创新的深刻内涵。结合地方资源禀赋及产业发展实际和市场需求，在充分调查研究基础上，坚持科学发展，做到循序渐进、稳步推进。注重各项扶持政策之间的整合性和衔接性，进一步完善家庭农场注册登记制度、认定标准及财政、税收、金融保险等扶持政策。要因地制宜、实事求是，充分尊重农民的意愿，出台可行的服务性措施，引导农民发展经营能力强、市场前景好、经济效益佳的家庭农场。

(二) 延伸绿色农业产业链，增加农业产业附加值

推动农业的现代化需要引入产业链、价值链等组织方式，全产业链的融合是今后农业的新发展方向。农业企业间点的竞争时代已经过去，以后的企业竞争则是由价值链织成的价值网之间的整体比拼。应把家庭农场嵌入农业产业链，拓展合作领域。让农民充分享有农业生产、加工、流通等全链条的增值收益。要以发展现代种养业为主导，以发展壮大农畜产品加工龙头企业为依托，以发展农业服务业为引领，创新产销对接模式，推动原料生产、加工物流、市

场营销等一二三产业融合发展。积极扶持多种形式的农业适度规模经营，提高集约化机械化作业水平。同时，注重绿色农业产业链向价值链转化。实施绿色农业品牌战略，加快培育绿色农业的专业市场，进一步丰富品种、提升质量、创建品牌，提高农产品附加值。

（三）落实切实可行的技能培训，提高经营主体综合素质

习近平在 2016 年主持召开农村改革座谈会上明确要求："发展现代农业，要在稳定粮食生产、确保国家粮食安全基础上，着力构建现代农业产业体系、生产体系、经营体系，加快构建职业农民队伍，形成一支高素质农业生产经营者队伍。"要采取切实有效的措施，不断提高家庭农场经营主体的综合素质。加大对家庭农场主农业生产技能的培训，培养产品意识、竞争意识和品牌意识，提高家庭农场主的经营管理能力，提升家庭农场主的科学素养。通过各类职业院校和培训机构，免费开展农村实用人才培训，推广农业职业技能鉴定和农民技术职称评定工作，重点培养一批农业产业化发展急需的年纪轻、素质高、懂技术、会经营的新型农民，切实解决农业产业化推进中人才紧缺的问题。

（四）打造农产品品牌，提升农户营销能力

实施农产品品牌营销是提高农产品竞争力的必然选择。"互联网＋"时代的来临使得农产品营销呈现出新的特点，也为家庭农场农产品品牌营销提供了新的机会。家庭农场品牌营销要紧紧把握"互联网＋"时代营销特点，从品牌的定位入手，通过塑造品牌形象和品牌个性，实现差异化的品牌竞争优势；通过品牌的传播与维护，建立品牌认同与消费者忠诚；利用品牌延伸与扩展使品牌价值不断增值。确立以生产健康安全的绿色农产品为生命，以消费者的利益为自己的根本利益的品牌营销策略，实现国家、消费者和生产者共赢的局面。加强各地区域性农产品产地市场建设，加大农产品促销扶持力度，培育新型流通业态，大力发展农业电子商务，提升农户营销能力。

（五）加强基础设施建设，推广农业保险

城镇基础设施建设与农业产业发展是相辅相成的。基础设施建设的过程也是城镇农业产业发展的过程。要积极争取农业基础项目，捆绑利用土地整理、高产农田建设、低丘岗地改造等各项农业建设项目，疏通河道畅通，加快流转区农田基础设施建设，为家庭农场经营提供良好的基础。把社会事业发展的重点放在农村和接纳农业转移人口较多的城镇，加快推动城镇公共服务向农村延

伸。可以根据农民意愿统一连片整理耕地，尽量减少田埂，扩大耕地面积，提高机械化作业水平。另外，针对目前的大田作物农业保险保额低偏、赔偿金额难以弥补亏损等突出问题，鼓励商业保险机构开发适应新型农业经营主体需求的多档次、高保障保险产品，探索开展产值保险、目标价格保险等试点。

（六）坚持财政政策导向，改变农业补贴方式

近些年来，中央财政的支农资金投入绝对量在逐渐增大，但支农资金占财政资金比重相对量却呈下降趋势。现有农业补贴很多并未落入真正进行农业规模生产的主体手中，甚至存在一些以套取补贴成立各种虚置主体的行为。要持续稳步扩大财政支农的规模，应按"多予、少取、放活"与"两个反哺"的要求，全面落实《农业法》的相关要求，增大财政支农的力度，建立财政支农的稳定增长机制。研究改革农业补贴制度，使补贴资金向种粮农民以及家庭农场等新型农业经营主体倾斜。坚持正确的财政政策导向，创新财政性资金、项目投入的方式方法，确保财政性资金绩效落实到带动农民发展现代农业和持续稳定增收的实际效果上。构建财政资金投入形成的资产民有、民管、民受益的管理运行机制，积极探索将财政资金投入形成的资产转化为专合组织资产成为农民生产经营资本的多种途径，增强专合组织和农民参与市场经济、发展现代农业的能力。

（七）继续推进"三权分置"，深化农地制度改革

党的十九大报告提出，保持土地承包关系稳定并长久不变，第二轮土地承包到期后再延长三十年。这一政策安排反映了广大农民的期盼，给农民带来实实在在的好处。新型农业经营主体的预期也更稳定了，可以放心投入、扩大生产，改善农田设施条件，有利于形成多种形式的适度规模经营，推进中国特色农业现代化。继续做好农村承包地确权登记颁证工作，继续推进土地"三权分置"。继续健全和完善配套制度，探索多种实现形式，真正让农户的承包权稳下去、经营权活起来，充分释放改革红利。明晰所有权，稳定承包权，才能放活经营权，让土地变成"活资产"。促进土地经营权流转，发挥新型经营主体引领作用，把小农户引入现代农业发展轨道，形成多种形式适度规模经营，推进农业现代化。

附录一：

家庭农场农产品品牌营销策略

——以湖北省襄阳市为例

一、襄阳市家庭农场农产品品牌营销现状总述

襄阳市凭借其得天独厚的地理位置和丰富的自然资源成为湖北省农业大市。2013 年中央一号文件提出"坚持依法自愿有偿的原则，引导农村土地承包经营权有序流转，鼓励和支持承包土地向专业大户、家庭农场、农民合作社流转，发展多种形式的适度规模经营"后，襄阳家庭农场得到了进一步发展并涌现了一批典型样本。2015 年湖北首批 300 家省级示范家庭农场名单，襄阳就占 39 家，无论数量还是质量上均位于地市州前列。当前，襄阳市正处在"农业大市"向"农业强市"转型的重要阶段，塑造优质农产品品牌，培育新型的农业经营主体是目前的重点。但目前大部分的家庭农场经营的核心是农产品而不是品牌，缺乏塑造品牌形象的意识，导致市场竞争缺乏优势。

二、家庭农场农产品品牌营销问题分析

（一）品牌的推广不够，知名度不高

随着生产力的高度发展，市场的高度开放，农产品已不再是短缺品，大量质优价廉的农产品充满市场，产品之间的竞争越来越强。但由于农产品自身同质性较强，不同地区居民消费习性存在较大差异等原因，企业的品牌推广难度较大，整体意愿不强。大部分农产品仅在自身所在区域内销售，企业向市外、省外乃至国外推广品牌的力度明显不够，许多老字号品牌跨省之后知名度就大打折扣。除了部分白酒品牌外，大部分农产品在电视、报纸和网络等主流媒体的广告非常鲜见，推广手段匮乏，大多依靠现场销售人员的推荐或消费者之间的口口相传，这对品牌的推广和知名度的提高极为不利。

（二）企业实力不强，行业发展不平衡

湖北省农产品加工业近几年虽发展较快，但整体实力偏弱，市场带动力不强。此外，行业整体发展不均衡，种植业加工企业发展较快，畜禽、水产加工企业发展相对不足，与我省畜禽、水产大省的地位不符。襄阳市作为湖北省农产品生产大市，缺乏实力雄厚的龙头企业以带动整个农产品市场的发展。某些企业出现了生产力相对过剩，企业大量资源闲置的状况，造成了不必要的浪费。

（三）销售渠道过于传统、单一化

通过调查，在销售渠道上，家庭农场农产品大多是通过集贸公司、销售公司和专业市场销售还有一大部分是直接卖给消费者，而通过中间商的介入大大削弱了农产品的品牌营销。如今网络发达、电子商务盛行，通过我们的调查发现仅有 28.6％的家庭农场通过网上电子商务平台进行销售，并且这部分借助网络平台销售的效果并不理想（见图一）。

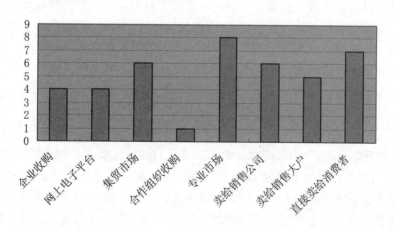

图一　销售渠道占比图

通过对家庭农场主的调查，发现家庭农场最需要帮助的在销售方面，数据显示多达 77％的家庭农场认为需要拓展销售渠道，69.2％的农场主表示需要政府相关政策的支持。（见图二）。

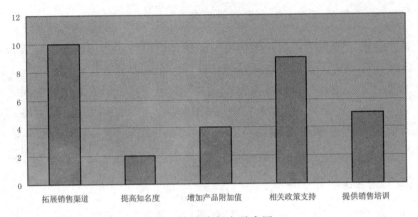

图二　家庭农场主需求图

（四）科技成果转化率不高，附加值低

我国农业科技工作的重点主要在生产前和生产中这两个阶段，忽视农业产后领域的投入。多数企业都存在新产品开发能力弱、产品加工技术水平落后的特点，很多企业产品装备还停留在 20 世纪 80 年代水平。许多产品经过简单加工后就投放市场。二次以上深加工严重不足。目前，湖北省襄阳市农产品市场整体呈现出初级产品多，精深加工产品少；生食多，熟食少；低价产品多，高价产品少等现象。低加工层次、低附加值导致低经济效益。

（五）农业负责人品牌意识、质量意识低于消费者要求

调查发现 72.4％的家庭农场主认为知名的品牌能够带来相应的经济回报，但是仅 64.3％的家庭农场拥有自己农产品的品牌，而在这部分家庭农场中真正通过塑造自己的独特品牌以提高销售的少之又少。随着物质生活的充裕，人们的消费要求也随之变高，相应的被人们定位为绿色健康的农产品的大众期待值也越来越高，而目前襄阳市农产品品牌较少且知名度较低，同时大部分的农产品质量还没有达到人们的期望值，这就使得消费者对于农产品不满，从而使农产品的接受度降低。归根结底，是农业负责人品牌意识、质量意识低于消费者要求导致的。

（六）品牌价格不合理，缺乏竞争优势

目前市场上农产品价格定位较低，大部分的农场主都秉持着"薄利多销"的原则，希望通过低价格来促进销售，高价格往往以惨淡收场，为了生存，各

个市场的农产品价格相差无几，基本保持一个大致统一的低价水平。这种做法不仅使农产品品牌形象大打折扣，而且使得企业缺乏在大市场竞争的优势。

三、家庭农场农产品品牌营销建议

（一）农场应该加大宣传力度，提升品牌影响力

利用报纸、杂志、广播、电视和网络等新闻媒体方式，加大宣传力度，有实力的企业还可以通过开设官方网站、微博、微信等方式进行宣传，提升企业形象；在人口密集、经济发达的地区；积极参加各类食博会、农博会和产品推介会等，渐渐的提升品牌影响力。对各种仿冒、伪造等问题要积极进行维权行动以维护品牌自身形象。

（二）扶持优势农产品，提高附加值

政府应该集中优势力量，重点扶持有传统优势的特色农产品加工业的发展，提高"三品一标"产品的占有量；倡导企业对陈旧的生产技术和生产线进行更新换代；对优势农产品企业进行奖励，对贫困落后的企业给予资金扶持；鼓励企业通过学习高科技提高生产力同时鼓励企业开拓深加工市场，赢得更大的机会和市场。

（三）家庭农场应积极拓宽销售渠道

目前家庭农场选择的销售渠道仍然偏于保守传统，如今电子商务盛行，物流强大，它所具有的方便快捷给农产品提供了新的销售模式。家庭农场可以根据自己的情况建立自己的网站或者借助现有的平台进行销售。当然不能盲目跟风，要选择适合的、多渠道销售。

（四）完善农技推广体系，加大科技转换力度

加强基层农技推广体系建设。完善四级农业科技展示培训平台建设，加强基层农技推广机构硬件建设，灵活变通服务方式，提升服务能力，提高农技推广服务工作水平和效率。积极开展科技下乡活动，提高科技入户率、到田率，加快科技推广步伐。加强企业与高校、科研院所等部门的合作，打造农科教、产学研协调运转机制，提高企业的自主创新能力，促进科研成果的转化。鼓励企业与企业之间的技术交流，鼓励企业出国学习，不断提高产品的科技含量。

（五）农场负责人应该及时了解市场动态

农场主或者农场负责人应该及时了解市场状况，特别是竞争对手市场状况和消费者需求状况。了解竞争对手是一个比较、学习的过程，学习他人的营销方式，知己知彼百战不殆，根据消费者的需求制定相应的策略以适应市场。当然，产品的根本在于质量，所以农场负责人应该增强质量意识，将生产高质量产品与塑造个性品牌相结合。

（六）制定合理的价格，设计新颖的包装

当农产品已经达到符合市场质量要求时，企业就应该考察国内和国外市场，摆脱低价限制，制定合适的价格，这个价格应该是可以体现其品牌价值的、比普通的同类型产品要稍微高一点的。随着人们生活水平的提高，人们对吃的要求也随之提高，吃不仅要营养、健康，还要有品位、有个性。为了满足有这部分需求的客户，企业可以在包装上多下功夫，摒弃传统的包装方法，设计新颖时髦的符合现代消费者审美的包装，以提高市场竞争力。

四、总结

家庭农场正在朝着系统化、优质化发展，即使目前家庭农场有很多问题，他的前景是非常广阔，品牌是质量和信誉的保证，是产品或企业核心价值的体现，是消费者识别商品的重要标志。农产品通过塑造具有个性的品牌形象提升大众认知率，打造品牌影响力，从而培养忠诚客户，同时也可为延长生产线、扩大生产领域奠定良好的基础。企业要想打开市场、面向更多的人群，不仅要关注产品本身，更应该去引导消费者的消费观念，以思想引领消费行为。以生产安全健康的绿色农产品为使命，以独具特色的品牌为旗帜，努力实现家庭农场农产品品牌营销繁盛的局面。

附录二：

汉家刘氏茶品牌建设策略研究

一、品牌定义与内涵

品牌是一种具有经济价值的无形资产，是一种结合术语、符号或设计组合并对它们进行有效运用，能够在人们心里占据一定的位置。品牌的目的是识别卖家或一组卖家的产品或服务，并使其与同类产品比较而言有一定的竞争力，并且能够与同类竞争的产品和服务区分开。

品牌是存在于企业或产品与消费者之间的一种关系，品牌价值体现于企业和消费者之间是否做到了有效的沟通。品牌也是一种有效的营销工具，具有盈利能力。最后，品牌也传达出众多的信号，如产品的价值、企业的价值观、文化、服务和质量等。品牌是企业无形资产总和的全息浓缩，是企业与消费者相互作用的产物，是一种战略性资产，是现代茶产业核心竞争力的重要源泉。

二、汉家刘氏茶品牌建设的背景和意义

当前，汉家刘氏茶业总部所在地湖北省襄阳市正处于主动适应把握我国经济由高速增长转向高质量发展的新形势、全面提升"一极两中心"建设水平重要时期。襄阳市十大重点工程之一的"全面推进质量强市、品牌强市建设"工程明确了襄阳推进全国质量强市示范城市创建工作，要求确保产品质量、工程质量、服务质量、环境质量和政府工作质量总体水平居全国同类城市前列，培育发展一批在国内国际有影响力的知名品牌，具体是在 2020 年，襄阳的"中国驰名商标"总数、"国家地理标志产品"、"湖北名牌"产品分别达到 60 个、65 个、200 个，重点产品质量省级以上抽查合格率位居全省前列。汉家刘氏茶品牌建设贴切了襄阳市经济社会发展的战略导向。

大力推进农产品品牌建设，是推动农业高质量发展、实施乡村振兴战略的重要内容。品牌是国家发展的战略性资源和国际竞争力的核心要素。发挥商标

品牌的引领作用，塑造更多依靠创新驱动、依靠品牌增值的经济增长点，对于襄阳破解经济发展深层次矛盾，加快转变经济发展方式，提升经济综合实力和竞争力具有重要意义。汉家刘氏茶品牌建设既贴切襄阳打造省域副中心城市、汉江流域中心城市、长江经济带重要绿色增长极的经济社会发展战略导向，也符合襄阳市"整合扶强区域公用品牌、着力打造特色农产品品牌、精心培育优势产业主导品牌"的要求。

三、汉家刘氏茶品牌建设现状

湖北产茶历史悠久，具有一定的茶文化底蕴，是历史上是"茶圣"陆羽的故乡。湖北地区茶业品种丰富，在近些年来发展迅速，是全国的产茶大省之一。在全国主要的 20 多个产茶省、市、自治区中，茶园面积及产量位居前五，目前已成为湖北省山区农民脱贫致富的重要途径。汉家刘氏茶业作为湖北茶产业的领头者，拥有自有品牌即汉家刘氏茶品牌，已形成一定的茶品牌影响力。

（一）具有较强的茶文化底蕴

汉家刘氏茶始建于北宋重和一年间，是一家老字号的茶企业。在汉朝茶叶种植销售已经盛行，陆羽曾在《茶经·八之出》中记载到：山南道产茶中的襄州茶，即出自汉家刘氏茶的原产地湖北省襄阳市谷城县。如今，汉家刘氏茶第 31 代传人刘家国，通过对汉家刘氏的三种传统名茶手工制作技艺的继承、研究和改进，创制出一代名茶。汉家刘氏茶的传统技艺共分三大类，拥有 27 道精良的工序，茶文化底蕴深厚，产茶历史悠久。

（二）品种丰富，茶产品品质高

汉刘氏茶业在产茶过程中坚持自产、自制、自取的特点。从谷城铜锣观、神农架，武当山等地选择原生态的茶叶生产区作为生产基地，确保产品天然无污染。另外，整个生产过程中几乎没有使用化学药品，其产茶工厂被誉为是湖北省唯一的茶叶有机产品示范区。

汉家刘氏茶业以"汉家刘氏"的品牌形象为推广手段，生产绿茶，红茶，白茶，乌龙茶，花茶，茶粉，并且兼顾其他茶叶和茶食品、茶饮料生产等。产品种类丰富，目前有 27 种绿茶系列产品，21 种砖茶系列产品，6 种红茶系列产品，2 种白茶产品和 1 种铁观音系列产品可供消费者选择。

（三）较强的企业品牌战略理念

汉家刘氏茶业的品牌战略从消费者的核心价值入手，结合茶产品特有的产品优势，如汉家刘氏茶特有的文化背景等，将品牌与客户的相关性结合起来，将与其他竞争品牌的独特性相平衡。聚焦产品差异化，力求与消费者之间构成零距离的关系，努力与自己的优势相匹配，形成品牌价值定位的"金三角规则"。

四、汉家刘氏茶业品牌建设策略

2018 年中国茶叶企业产品品牌价值评估结果中，汉家刘氏的品牌被估算到了 9.76 亿元，位居第三。汉家刘氏茶业作为汉家刘氏茶品牌的领头者，以及自有品牌持有者，企业要想获得更多的经济收益和知名度等，就更加需要推动品牌化发展，对此提出以下策略。

（一）进行更精准的市场定位

现阶段，中国茶叶消费现状逐渐呈现出年轻化、时尚化的特点。因此，茶品牌的传播手段和营销方式应当结合消费群体和消费习惯的变化来做出适当的改变。例如，现代年轻人已经开始关注市场上的养身产品，网络上流行的"佛系青年"群体的特点就有注重养生这一生活习惯。汉家刘氏茶业可以基于市场上对于产品的养生诉求，对市场上的消费者进行定位的同时，将自己的"汉家刘氏"茶品牌更精准的融入市场中，不仅可以加快品牌的推广，还可以获得经济效益。

但在迎合新茶客的同时，也要注重老茶客的管理。汉家刘氏茶业要时刻巩固对老茶客的吸引力，并以精神诉求迎接新茶客，实现准确沟通和多效营销。

（二）加大对产品的创新力度与品牌的形象设计

优秀品牌形象设计可以增强消费者对品牌的认知度和感知度，能够从整体上提高品牌的吸引力，并且能够缩短品牌在发展中与消费者之间的沟通时间，同时也能够正面体现出品牌战略和文化内涵。汉家刘氏茶业在对"汉家刘氏"品牌设计中，首先要基于企业战略所考虑，结合市场目标，和对市场上其他优秀茶品牌的针对性研究，确定公司品牌的核心定位。可以从品牌标识设计出发，设计出让消费者过目不忘的特有创意品牌标识。

同时加大对产品的创新力度，找到自己与市场上其他茶品牌的竞争点。现阶段，茶品牌的包装具有同质性，品牌设计最重要的是具有原创性和生动感人。精美的茶包装同样能够吸引到消费者，更加有利于茶品牌的推广。

（三）实施茶文化发展战略

当产品发展到一定阶段时，必不可缺的是文化的支持，文化能为品牌的发展提供强劲的支持，尤其是对于茶产品这类本身就具有文化底蕴的商品。汉家刘氏茶业，可以将"汉家刘氏"品牌特有的茶文化进行深度挖掘，结合当地旅游文化背景等，将茶文化融入当地风土文化中，并且可适当推出茶文化旅游商品，促进消费者对于品牌的认识度。还可以开始小型与"刘茶"文化契合的茶馆，在品茶的同时，能够更好地了解品牌发展历史，加大消费者对于"汉家刘氏"茶品牌的好感度。

（四）加强品牌保护意识

加大茶品牌的推广，除了具备基础的品牌要求外，还需要具有品牌保护意识。例如对于茶产品质量的控制，商标注册，专利申请和知识产权保护等，在保护自己品牌的同时，必须遵守并尊重他人的品牌权利。

汉家刘氏茶业在对自己品牌进行保护时，适当定期对自己的品牌进行审核，并且对各类环境因素进行全面而有针对性的诊断。多听取消费者、员工、供应商、市场合作者的意见，及时调整品牌战略，将品牌更好地与时代相结合，确保品牌持续健康的增长。

五、结束语

中国茶叶市场的壮大，使得茶产品也越来越趋向产品同质化模式。对于自身已包含了历史文化底蕴的茶品牌来说，要抓住品牌建设的发展潮流，设计出更能跟上时代经济的茶品牌。

附录三:

Optimization of Agricultural Economic System from the Perspective of Whole Industry Chain

1. Introduction

For a long time, China's agricultural extensive use of fertilizers and pesticides to promote the increase of grain crops to meet the population growth in demand for agricultural products. With the extensive use of petrochemical products, modern agriculture has the characteristics of high energy consumption, high emission and the high pollution, becoming the "high-carbon agriculture". According to the United Nations food and agriculture organization, ecological agriculture system can offset caused by agricultural greenhouse gas emissions by about 80%, and no longer produces fertilizer industry every year 1% of the oil energy saving for the world that no longer use the fertilizer on the land can also reduce agricultural emissions by up to 30%. In order to protect the environment and maintain food security, low carbon agriculture has great potential. The characteristics of the modern sustainable development of agricultural economy can be therefore summarized as the listed aspects.

• Agricultural economy in the production process more respect for the ecological rules of the nature, emphasizing the harmonious coexistence of agriculture and then also the natural environment through agricultural economic activities to achieve the purpose of restoration and improvement of the environment. It is a multidisciplinary integrated innovation of a category, not only embodies the benefits of agricultural technological improvement, and is a good way to improve the operational efficiency of agricultural market often, through the development of agricultural economy to improve and the consumption has important significance for promoting people's natural health.

• The path of agricultural economic development of modern diversified agricultural economy, to then generate economic benefits at the same time, will also bring more social benefits, the agricultural economy is the harmonious development of green economy and ecological environment and the industry as agricultural economy can greatly improve and promote the development of the natural environment.

Under the era of low-carbon economy, the reform of the mode of agricultural economy development is of great significance. The traditional mode of agricultural production will pollute the surrounding environment and is not conducive to the ecological protection. Therefore, changing the mode of agricultural economic development helps to build a harmonious Society, establish the concept of low-carbon agriculture development. In the era of low-carbon economy, the transformation of agricultural economic development requires scientific planning and development policies, but also requires the formulation of a number of technologies to reduce emissions and reduce consumption and improve the agricultural development system. In the formulation of agricultural economic development strategy, we should establish a conservation-oriented and environment-friendly society as the principle, but also improve the utilization of the resources, and actively apply clean energy to achieve the maximization of the general agricultural economic benefits. In the figure 1, we present the circle.

In order to develop the agricultural economy, agricultural production requires the introduction of the advanced agricultural production machinery and equipment. Agricultural production from the very beginning should adopt a mechanized mode of the production, and agricultural extension workers should be able to answer various agricultural technical problems encountered by the peasants at any time. Local governments should step up efforts in agricultural subsidies and raise the wages of the agricultural extension workers appropriately welfare levels, so that they willingly devoted themselves to serve the peasants.

The local government should also allocate part of the funds, free or low interest rates, interest-free introduction of advanced agricultural production

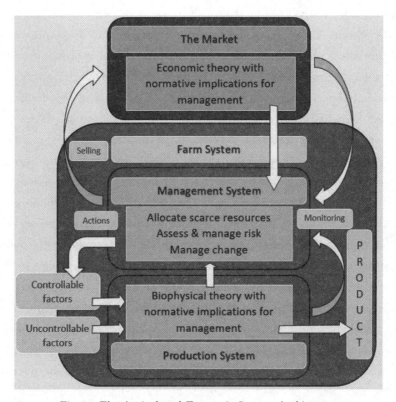

Fig. 1. The Agricultural Economic System Architecture

equipment and fertilizers, pesticides, etc., in order to reduce agricultural production costs which benefited farmers fundamentally. The local government could also set up a TVU class to instill the latest dynamic knowledge of agricultural technology into the teaching process so that the transformation of agricultural technology into productive forces became a reality. It is imperative for the government to improve the hard-to-develop agricultural economy because agriculture is the foundation of our country. In order to solve the problem of the agricultural economic development and then achieve sustainable agricultural economic development, the government now has several solutions. (1) In order to promote the development of agricultural economy, it is necessary to improve the industrial structure, and the scientific industrial structure can achieve twice the result with half the effort. According to different climate and landform, we should then set up characteristic industries according to different climate and landform, give full play to their own geographical advantages, establish and improve characteristic industries with the bright prospects and actively promote the development of the agriculture and animal husbandry, and develop related processing industries. (2) In the process of rural informatization, we need more experienced and professional team with superb business skills. Only through teamwork can we maximize the benefits of informationization. In order to improve the technical professionalism of agricultural personnel, in addition to encouraging highly skilled and highly skilled professionals to invest in the agricultural construction, it is even more necessary to raise the educational level of agricultural workers themselves. (3) Development of low carbon agriculture economy, is a long-term planning, local governments should be according to the local characteristics that combined with the actual needs of the region, while starting from the short-term, mid-term and long-term development to develop a comprehensive development plan, specific to each region, both to ensure the local economic development goals, and to achieve energy conservation and emissions reduction of the mandatory indicators. Especially want to clear all sorts of relevant supporting policies, strengthen the organization of the agricultural production, overall planning the development phase the total needs of the development of low-carbon economy to achieve the goal of advancing a low carbon agricultural economic development.

2. Full Industrial Chain and Economic System

2.1 *Overview of the Whole Industry Chain*

As for the concept of "full industrial chain", there is no authoritative definition in theory circles at present. Judging from the development practice at home and abroad in recent years, the main form of the whole industry chain is the vertical integration of enterprises. That is, the enterprises integrate the various aspects of the raw material supply, production and product sales into the internal business layout of enterprises by extending the upstream and downstream of the industrial chain and build a chain of the interconnectedness and mutual penetration from the source to the terminal so as to achieve the purpose of resisting risks and also improving resource utilization and market power. Specific to the entire agricultural industry chain, the differences are not small.

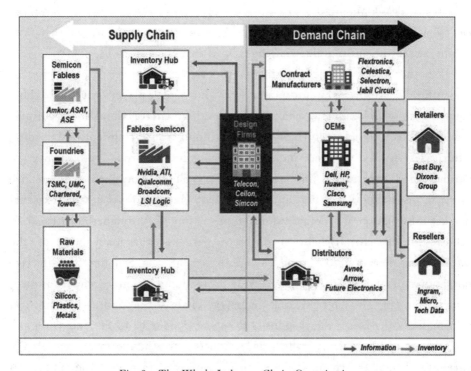

Fig. 2. The Whole Industry Chain Organization

The development of agriculture in the whole industrial chain is in line with the requirements of the state on accelerating the transformation of agricultural development and taking the path of modern agriculture with high output, product safety as resource saving and environment-friendly. It is in line with the requirements of the Central Rural Work Conference onthe strengthening structural reforms in the supply side of agriculture to improve the quality and efficiency of the agricultural supply system so that sufficient quantities of agricultural products can be supplied and the varieties and quality meet the needs of consumers so as to truly form an effective supply structure with reasonable structure and strong support are also in line with the requirements of the 2016 Central Document No. 1 on the development of new concepts crack the new difficult problem of "agriculture, rural areas and farmers", build up the advantages of agricultural and rural development, increase the driving force of innovation, promote the structural reform of the agricultural supply side, speed up the transformation of the agricultural development mode, maintain the steady development of agriculture and increase the income of farmers. Developed countries in the agricultural industry chain, the market and businesses in the entire industrial chain have an important role.

Whether under the leadership of enterprises or the economic union of agricultural enterprises, enterprises are the main players in the whole agricultural whole industry chain. The development of China's agricultural industrial chain should rely more on the leading role of agricultural leading enterprises to extend the industrial chain and improve the quality of agricultural labor force. The whole industry chain should not only realize internal information sharing and smoothing, but also grasp the external market information and policy information in time as through the Internet to achieve the industrial chain of different parts of the main body of the information sharing information as a link to link the benefits for effective operation and cooperation to then provide protection. The more smooth flow of information in the agricultural industry chain, the more symmetrical information, the faster the response, the more conducive to the extension and broadening of the chain, which is conducive to the performance of the agricultural industry chain. Creative processing has increased the traditional agricultural products with scientific and technological content and cultural connotation, but also perfected the value chain of the industrial chain. In addition to processing aspects, leisure tourism is also part of the industrial chain is an important component of the industrial value system. The leisure travel links of the industrial chain focus on agricultural products and agricultural production. Through intelligent, distinctive, individualized and artistic concepts, the recreational products related to agricultural production are created and the agricultural production areas are transformed into spaces for consumer leisure and entertainment as the emergence of a new structure of the industrial value system. Leisure agriculture, as a comprehensive industrial form covering a very wide range of areas has an in-depth study of the correlation between its various elements and is of great significance to the sound development of the industry.

2. 2　The Economic System

Innovative elements include business mechanisms and also innovation. Emerging economies are not yet perfect in business development and many problems have arisen. In terms of science and technology innovation capability, there are obviously many deficiencies in the emerging economic system, lack of experience and lack of advanced technology. Emerging economies need to solve many problems. Business mechanism and the competitiveness of a country have a great impact in order to then enhance the competitiveness of the country we must continue to improve the country's commercial system. Perfecting a country's commercial system is mainly carried out by raising the quality and quantity of the country's commodity suppliers, increasing the competitive advantages of commercial enterprises, and strengthening the control over state distribution and market liberalization. Constantly improve the production mechanism and strengthen the effective management of enterprises.

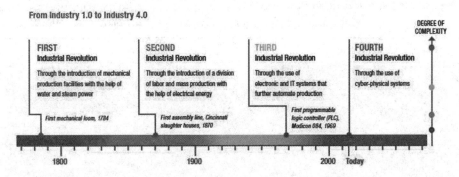

Fig. 3.　The Economic System Developmental Pattern

In the development and management of modern enterprises, it is necessary to obtain effective information and improve the circulation of the enterprise information. For example: product information, product concept information, product consumption information as demand information and so on. The effective application of the enterprise supply chain can obtain a large amount of effective information from all the dealers and consumers of the products, finally adjust the production structure of the products, construct the new sales channels and perfect the product functions, and finally realize the economic benefit and social value.

Although emphasized the developed economic system must with the emerging economic system communal development，cooperate for the promotion world economics development. But the developed economic system and the emerging economic system are not the parallel existences，between them has the close relation，but also has the competition the relations. The competitive power comparison might see the system the overall strength and the future development. The competitive power is not may compare from perhaps several angles obtains，must carry on the synthesis the analysis and the comparison can obtain between the developed economic system and the emerging economic system competitive power strong and the weak may from the basic essential factor，the innovation essential factor as well as the efficiency essential factor that three aspects comes to the developed economic system and the emerging economic system comprehensive competitive power carries on the analysis as basic essential factor including national system，macroscopic economic environment，infrastructure as well as health and primary education four parts. The content of modern business management economy is reflected in the table 1.

Table 1.　　　The Content of Modern Business Management Economy

Content	Reflections
In a people-oriented approach to staff management	To create direct benefits for the enterprise employees，in order to improve the economic management system of modern enterprises，we must be in a people－oriented attitude to the scientific management and development of staff，the staff to carry out more skills training and more language exchange to improve the political consciousness of employees and overall quality，so that the sustainable development of enterprises to get more.

Content	Reflections
Strengthen the management of production and improvement	The enterprise cannot do without production of raw material purchases, this requires enterprises to the quality and price of raw materials in strict checks, not only to achieve maximum profits also requires the quality and quantity of raw materials; also requires comprehensive evaluation of all aspects of the production of raw materials manufacturers, such as credit evaluation, operating conditions etc. strict examination.
On the special model of the economy reflected in the phenomenon	The elasticity of investment to interest rates is positive. In the data reports of the past few years, it has been shown thatChina's interest rate has always been in a reciprocal relationship with the investment in fixed assets. The main reason for this phenomenon is that the interest rate is affected by the marketization factor. This is because interest rates, as our country The main tools of monetary policy, whether in the actual application process, or the formation of relations have a certain policy.

3. The Proposed Models

3.1　The Agricultural Finance

We all know. The rate of the return on China's agricultural insurance is relatively low. There is a lack of relevant laws and regulations in agricultural insurance itself. Under the condition of market economy, the commercialization mode of insurance company is developing continuously. The core of the insurance company's business is in the city. In recent years, China's rural agricultural insurance business has been shrinking. Rural agricultural insurance claims rate is relatively high, a large number of insurance companies difficult to achieve substantial profits. Therefore, profit-oriented commercial insurance companies are reluctant to participate in the agricultural insurance business. In this case, we must find new solutions or our agricultural insurance will eventually be eliminated. Imperfect agricultural insurance system, financial institutions on China's agriculture when the rural enterprises carry out risk assessment, the risk level is very high, which becomes an important factor of "credit crunch" in financial institutions. It has intensified the agricultural financing tensions in our country and the financial supply of the agricultural funds has become even more acute that is presented in the figure 4.

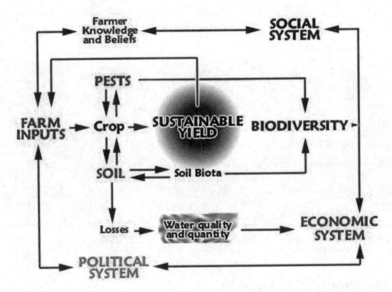

Fig. 4. The Systematic Framework of the Agricultural Finance System

It plays a significant role in resolving the dilemma of "who does agriculture" and "how to farm agriculture" in our country, and promotes the agricultural transformation and development. However, due to its innate high risk in industries, scarce effective collateral, limitation of management and operation capacity, and traditional financial institutions due to the strict approval of loans, complicated procedures and high implicit transaction costs, it is very difficult for the new type of agricultural operators to obtain credit support from the traditional financial institutions. The financing difficulties and the financing problems in the development are still very serious. In the modern agriculture where capital is gradually replacing labor, the financing difficulties must be solved as soon as possible in order to ensure the healthy development of the new-type agricultural management subjects.

Many new financing models derived from Internet finance provide a wage alternative route for this. As the farmer credit information database has not been established, farmers' credit information is fragmented. It is laborious for financial institutions to examine the borrower's financial status and the credit conditions. Some credit-based credit products are also difficult to promote in rural areas. At this time, advantages of Internet finance are manifested, which can promote the establishment and improvement of rural credit system to improve the information environment of credit decision-making in rural financial institutions, reduce the information collection cost in financial services while alleviate the problem of information a symmetry, and help improve credit decision efficiency. Therefore, we should focus on the following aspects of the items.

- Repurchase agreement. Farmers will sell agricultural products directly to the bank for financing, at the same time, sign an additional repurchase agreement, according to the agreement, agricultural products just by the bank custody, the bank has no free disposal of the right to use, such as the future farmers have financial ability to repay after that, the agricultural products are bought back from the bank at the original price or the spot market price. This method is limited to small price fluctuations and longer shelf life of agricultural products.

- Warehouse receipt financing. Warehouse financing is the basic type of agricultural supply chain finance. In this way, financial institutions do not need access to agricultural enterprises credit rating situation, not to check the agricultural enterprise's assets and liabilities to examine, agricultural enterprises can obtain financial support through the mortgage products. This kind of financing method requires that the collateral has a strong liquidity capacity and can pay off debts in time.

- The establishment and improvement of China's agricultural insurance system is the basic guarantee for the healthy development of agriculture. According to the core current status of agricultural and rural development in our country, promoting agricultural insurance an important role in perfecting the agricultural risk compensation, to establish "the agricultural insurance law" as soon as possible, as well as relevant laws, regulations, agricultural insurance is effective legal protection. The state should improve the organization system of agricultural insurance as soon as possible, and set up a special administrative agricultural insurance operation mechanism to guide the development of some agricultural insurance.

- Internet finance is based on the Internet technology to push financial products and financial services, users only need to get financial services based on a smart phone or connected to the Internet computer, such as financial or loan applications without leaving home. Internet finance is not restricted by the traditional financial physical outlets and can effectively break the barrier of space. It can also reduce the service operating costs of bank outlets. Especially for geographically remote areas, financial services are promoted through the development of products such as e-finance, Internet finance and mobile banking Access to convenience, thereby expanding the coverage of rural financial services, more efficient than the traditional mode of operation of the financial.

3.2 The Optimization of Agricultural Economic System

Whether a country's society or the economy can achieve sustainable development depends on whether or not the country's ecological environment is in a healthy state. At present, all kinds of human production activities have caused tremendous damage to the global ecological environment and the many irreparable damage. In order to develop agriculture, mankind has no control over the reclamation of land and forests, and wastage of the agricultural resources is extremely serious. In agricultural planting, pesticides and chemical fertilizers are used in large quantities. These residual chemicals cause a sharp decline in the efficiency of farmland reproduction that caused irreversible consumption of agricultural resources.

In China, a large number of agricultural arable lands are severely reduced each year due to desertification, soil erosion and other issues caused by the devastating production activities of basic agricultural producers. The purpose of implementing the sustainable development of the agricultural economy is to encourage people to rationally develop and utilize limited agricultural resources in agricultural production so as to improve people's short-term behavior in agricultural economic production. The basic data of agricultural economy is the data with spatial connotation, which is closely related to geographical information. Geographic Information System (GIS) manages geospatial information and database attribute data at the same time. It combines graphics and corresponding attribute information organically to realize the connection between graphics and database.

It can be used for the collection, storage, management and analysis of geographic information. The application of geographic information system can not only display the information with geographical attributes graphically, but also realize the dynamic inquiry and analysis of information resources to make the information resources more shared, and improve the visualization and application convenience of information. The current trend of scientific and technological development of the industry is to save and intensify in order to achieve this goal requires the government's strong support in the implementation of relevant processes in various processes, services and policy guidance. Such as ensuring the accuracy of funding, allocation and land screening, so that the harvest of agriculture, production, preparation and other effective fit to ensure the unity of the industry to achieve the scientific construction of the industrial chain. Of course, the government needs to improve the agricultural economic system, pay attention to the large-scale development, rationally allocate agricultural resources and achieve industrial development and expansion. To help us construct the better system, the table 2 shows the other samples as the references.

Table 2.	The Samples
Samples	**Reflections**
EU agricultural economic development	In order to develop agriculture, the EU-Prepared Countries have formulated sound agricultural protection and incentive policies. These policies encourage farmers engaged in agricultural economic development through financial aid so that their economic income from agricultural production will reach the average level of income from other industries. For example, in Germany's policy on the protection of the interests of agriculture and farmers, it is explicitly stipulated that the personnel engaged in agriculture should be kept in balance with those engaged in other professions and that the people engaged in agriculture should not be poor.
Japan's agricultural economic development	In addition to safeguarding agriculture, Japan also implements trade protectionism under the framework. Trade protectionism is used to protect the country's uncompetitive agricultural production in order to promote the sale of its agricultural products and to ensure the income of farmers engaged in agricultural production. Government financial support is also an important measure of Japan's development of agricultural economy. The direct investment of Japan's prepared finance for agriculture is mainly to provide subsidies for agricultural infrastructure construction, agricultural technology development, adjustment of agricultural production structure and scale of operation.
The development of agricultural economy in India	The Indian government attaches importance to the sale of agricultural products and adopts a variety of policies to promote the export of agricultural products, including increasing fiscal expenditure, eliminating export taxes on agricultural products and seafood, and promoting exports. The promotion of export can increase farmers' income and stimulate farmers' enthusiasm for agricultural production.

4. Conclusion

In this research, we present the optimization strategy of agricultural economic system from the perspective of whole industry chain. Market-oriented agricultural products subject to the basic laws of the market and the basic background of the marketization of social economy in our country is the great superiority demonstrated by the planned economic system of the market economy. The planned economic system in our country basically followed the highly centralized planned economy established by the former Soviet Union in the last century. Planned economy itself through administrative instructions for the allocation of resources and social organization and management of the production process as in practice, the planned economy relied on its highly concentrated characteristics to bring a significant boost to China's economic and social development. Therefore, this paper presents the novel countermeasures for the mentioned issues that will promote the further development.

附录四：

农村一二三产业融合发展策略研究

——以湖北省宜昌市为例

一、引言

产业融合不仅仅是发展的趋势，目前产业融合已然成为产业发展的现实选择。2018 年中央 1 号文件中指出"实施乡村振兴战略，是党的十九大作出的重大决策部署，是决胜全面建成小康社会，全面建设社会主义现代化国家的重大历史中，是新时代三农工作的总抓手。"这已是新世纪以来，中央 1 号文件连续 15 年关注三农问题，中共中央、国务院日前发布的《关于日前实施乡村振兴战略的意见》中明确提出了要提高农业发展质量，培育乡村发展新动能，其中就包括构建农村一二三产业融合发展体系。宜昌市作为湖北省农业大市，其一二三产业融合发展备受关注，本文以宜昌市为例，探讨农村一二三产业融合发展的策略。

二、目前宜昌市农村产业融合类型

（一）农产品直销型

农产品直销简而言之就是省掉了中间的流通环节，使供应者和需求者直接对接。具体来说农产品直销大致可以分为三种模式：合同式销售、田埂式销售和零售式。所谓合同式销售就是需求者与生产者通过合同约定好所需农产品的数量和质量，农产品生产者在规定的时间将与约定质量等同的农产品出售给需求者；田埂式销售就是在收获之时，生产者在田地周围就近销售，这种销售方式大多在人流量较大的休闲农业发达的地方、旅游旺地和交通要道等地方发展；零售式销售是目前采用最多的直销方式，一种是在靠近生产地的集贸市场或者选择在城市的路边进行小摊贩卖，另一种是通过互联网进行网上零售，简单便捷。

（二）农产品加工销售型

农产品加工销售是直接购买农产品作为原材料，进行加工然后销售。加工又分深加工和简单加工。比如给农产品进行简单包装叫简单加工，将果汁加工成果汁叫深加工。目前中国农产品加工整体上还处于初加工为主，存在水平较低，耗能较高，规模较小等问题。

（三）农产品生产、加工和销售综合型

将生产、加工和销售一体化，通常有两种形式：第一种是生产、加工和销售分属于三个不同的主体进行，他们以合同为纽带，生产者在既定的时间种植既定的农产品，并在约定时间将农产品转入加工企业进行加工，最后加工企业将成品转入销售方进行销售；第二种是生产、加工和销售属于一个企业，既有利于管理又降低了中间成本。这也是产业融合的第一步，从纵向提高农产品附加值，以一线式形态促进产业转型。

（四）休闲观光体验型

近年来，我国国内旅游业发展迅猛，旅游人次和消费屡创新高，农村成为城乡居民，特别是城市居民的重要休闲空间。利用当地的自然人文吸引游客，开展农事体验活动，以一种新兴的方式促进农村产业融合。

（五）产城融合型

产城融合即建设产业园区和专业特色小镇，以产兴城，以城兴产，形成产业集聚，促进产业融合。目前宜昌市的产城融合还处于起步阶段，无论是产业布局、项目设置还是资源分配都处于模仿摸索中，是需要进一步完善的。

三、宜昌市农村产业融合目前存在的问题

（一）土地分布较散、流转效率低、规模化经营不够

目前我国土地流转机制正在进行紧锣密鼓地改革，但是仍然存在很多问题。农民大多有一种"沿袭祖辈"的习惯，不管是肥沃的土地还是贫瘠的土地，于他们而言都是祖辈劳动与智慧的结晶、是宝贵的财富，而土地流转对于农民来说一定程度上就是把祖祖辈辈耕种的田地"拱手相让"。农民固有的思

维让土地流转变得困难，使得土地分布较散，也让农产品加工销售企业无法大规模经营，限制了其扩大发展，从而制约了一、二、三产业的融合发展。

（二）农村人口迁移现象显著

首先对于农民来讲，仅靠土地种植农作物难以承担家庭生活、教育、医疗等各方面的开支；其次，由于农产品有生产周期较长、受自然条件影响较大、效益低、收入少等特点，导致农民种地积极性不高；同时，由于农用机械不断的推广使用，加之，农业生产季节性强，所需要的劳动力逐渐减少，使得农民不得不外出谋生。而因为农村与现代化城市相比，不管是交通还是医疗设施抑或是精神文化方面都存在较大差距，导致农村缺乏吸引外来劳动力的资本。种种原因使得农村人口逐渐减少，劳动力不断流失。而劳动力是推动农业升级、推动产业融合发展的关键因素，农村劳动力的减少非常不利于产业融合。

（三）农产品加工技术水平低

农产品加工技术较低、科技储备弱、技术创新能力不强等问题是制约我国产业融合发展的重要症结。由于研发创新能力不强，导致市场上的农产品都相差无几，企业不能形成自己核心竞争力，没有可以吸引消费者的亮点。且近年来，国家对于农产品加工更看重加工的工艺，而工艺技术目前运行成本较高，并不能完全普及也不能给企业带来很好的效益，因此产业融合遇到了新的阻碍。

（四）缺少政策和资金扶持

虽然近年来国家对于"三农"非常重视，但是细化的、具有针对性的政策目前还没达到一、二、三产业融合的具体需求；虽然国家投入巨大，但是中国土地面积广、人口众多、企业无数，国家巨大的投入平摊到每一家每一户却不足以解决产业融合发展过程中的各种问题，且给农民的信贷较低，缺少足够的资金进行运转，从而使得产业融合举步维艰。

四、宜昌市农村产业融合策略与路径

（一）进一步完善土地流转机制

目前我国的土地流转制度是遵循在不改变家庭承包经营基本制度的基础上，引入股份制、建立以土地为核心的农村股份合作制，将农民承包土地上升一个形态层次，实现从实物形态向价值形态的转变，以此使获得股权的农民可以安心从事二、三产业，使另一部分农民可以扩大土地经营规模，实现市郊农业由传统向现代转型。国家给出的大的指导方针，但由于存在地区差异，每个地方具体情况不尽相同，所以需要国家在后续发展阶段中，针对各个区域情况不断完善土地流转机制，促进产业融合和集体经济的发展。

（二）大力培育农村一二三产业融合主体

继续强化农民合作社和家庭农场基础作用。支持农村新型经营主体开展经营活动，鼓励农村新型经营主体发展拓展生产、加工与服务内容，将农产品加工流通与电子商务有机结合，通过发展适度规模经营而发挥引领示范作用。优化农村市场环境，鼓励各类社会资本投向农业农村。

（三）大力延伸农业产业链

全产业链的融合是今后农业的新发展方向。注重绿色农业产业链向价值链转化。树立绿色农产品的消费理念，实施绿色农业品牌战略。加快发展农产品加工业，实现加工增值，是延伸农业产业链的主要途径。应立足资源优势和特色，着力构建全产业链和全价值链。合理布局原料基地和农产品加工业，优化上下游产业格局，提升农产品精深加工水平，不断拓展农业功能，培育新产业新业态。

（四）政府提供相应的支持

国家应该大力号召具有农业专业知识的人才下乡帮扶，以科学的方法对劳动力进行农业知识的传输与此同时对其进行相关技能的培训；并对农产品生产、加工生产企业进行技术支持，以科学可行的技术提高各环节效率，降低农业相关产业的税收，同时进一步完善金融保险政策。地方政府应加大政策力度，实施更多的惠农政策，积极引导外商投资以促进产业融合发展。

（五）推进农村基础设施建设

农村基础设施建设与农业产业发展是相辅相成的，加快推动城镇公共服务向农村延伸，发展循环农业和节约农业，实现农业可持续发展。将农村产业融合发展与新型城镇化建设有机结合，引导农村二三产业向农村集中。

五、结束语

推进农村一、二、三产业的融合发展，可以延长生产链，提高产品附加值，还可以发展农村加工业、服务业和休闲观光体验式农业，实现农民就近就业以壮大产业，同时可以吸引资本和先进的技术，使农村更加繁荣形成农村产业良性的循环，是实施乡村振兴战略、构建现代农业产业体系的重要举措。推进农村一二三产业融合发展，应丰富农村产业融合方式、大力培育农村一二三产业融合主体、延伸农业产业链、推进农村基础设施建设等。

附录五：

基于超循环经济的我国农业生态化发展研究

20世纪90年代，美国、欧盟西方发达国家针对工业化发展过快而导致资源萎缩、环境恶化等问题提出了生态经济、循环经济的概念，为经济发展指明了新的方向。[①] 近些年，我国农业发展迅速，但是也不得不面对因生态环境严重恶化、资源不断减少所带来的压力。[②] 为解决农业发展中出现的生态、资源与环境困境，解决农业生产与发展所导致的各类问题，我国对基于循环经济理论的农业生态化发展路径进行了探索与实践，[③] 如何提高其有效性以推广运用将是本文研究重点。

一、超循环经济的内涵与特征分析

（一）超循环经济的内涵

超循环经济是指以超循环理论为基础，以协调、高效为发展原则，科学有效的调整人与自然之间既统一又矛盾的关系，通过科学规划、合理组织和协调生产、流动、销售、消费之间的循环活动，使经济发展模式稳定、持续，不破坏自然生态环境，并且满足人的需求的经济模式[④]。超循环经济包括内循环、中循环与超循环三个层次。内循环是指将生产所需要的生产要素投入到生产过程中，再通过人力的投入生产出产品。中循环是指凭借资源、技术与产业优势，创建集群生态化产业园区，在完成产品生产的同时，将生产链中产生的废

---

① 方淑荣，游珍，蒋慧，等. 生态化：中国现代农业发展的必然选择［J］. 农业现代化研究，2010，31（1）：43.

② 和献中，王世金. 我国农业循环经济发展的路径选择［J］. 安徽农业科学，2010，38（17）：9241～9243.

③ 杨运星. 生态经济、循环经济、绿色经济与低碳经济之辨析［J］. 前沿，2011（8）：94～97.

④ 伍国勇，段豫川. 论超循环经济——兼论生态经济、循环经济、低碳经济、绿色经济的异同［J］. 农业现代化研究，2014，35（1）：5～10.

物合理地利用起来，再次投入到生产链中，创造出更高的价值。内循环与中循环都是经济系统中的内部循环，与之相比，超循环则是经济系统外部循环，它的经济循环范围涉及经济、社会、自然等多个系统，从更大的范围形成良性循环①。

（二）超循环经济的特征

超循环经济具备以下四大特征：其一，超循环经济具有开放性。如上所述，超循环经济包括三个层次的循环，每一层循环都是开放的，尤其是超循环层次其开放性的特征更加突出。只有超循环经济是开放的，才能使经济、社会、生态系统协调一致，有效融合；其二，超循环经济具有高效性。其高效性不仅体现在资源的高效利用，废物的极低量排放，产量极高的生产层面，还体现在产品销售、消费等流通层面。其三，超循环经济具有互动性。在超循环经济体中，经济、生态与社会系统之间频繁互动，并创造出更高的效益。这也促使我们不能孤立地看待经济的发展，而是关注经济发展与生态环境、社会系统之间的关系，从三方协调的角度出发来探索经济发展的方向与途径；其四，超循环经济具有包容性。它的包容性体现在可以满足人类发展物质需求数量与质量的满足上，体现在经济发展不破坏生态环境，协调社会发展的包容上。②

二、超循环经济与农业生态化发展的关系

（一）超循环经济理论为农业生态化提供支撑

超循环经济具有"减量、循环再利用、再创新"的原则。减量原则是指采用一切可行的方法节约生产所需要的各种资源。这一原则并不违背满足人类合理需求的前提条件，只是强调要依靠技术的更新、管理水平的提升以及生产过程的优化使生产所需的原材料的数量减少，并且使由于生产所排放出来的废弃物料减少。③减量原则非常适用农业生态化发展，保证农业的发展与生态环境相适应，既不能从生态环境中过度索取，也不能将大量的废弃物质排放到生态

---

① 杨培源. 根植与超越：基于传统农业生态化实践的循环经济构建 [J]. 江西农业学报，2011，23（5）：202～205.

② 吴飞美. 产业集群转型与循环经济发展的内生性分析 [J]. 武汉大学学报（哲学社会科学版），2011（6）：27～31.

③ 郭晓鸣，廖祖君，张鸣鸣. 现代农业循环经济发展的基本态势及对策建议 [J]. 农业经济问题，2011（12）：10～14.

环境中。使农业生产的投入与产出保持一种平衡的状态。循环再利用原则为资源的高效利用提供了方法与途径。再利用有可能是投入的资源可以多次被重复的应用于同一生产过程中，也可以是产生的废弃物可以作为其他生产中的原料。[①] 通过先进的技术与生产工艺将农业生产资源"再利用"，将不可再生的资源更多的予以保留，才能放缓资源的萎缩脚步，才能使农业实现可持续发展。再创新原则是促使资源得到科学利用的原动力。无论是减量，还是循环再利用，都需要科学技术的创新发展，没有科学技术的创新发展，就无法实现资源与废弃物的减量，也无法实现循环再利用。

（二）超循环经济与农业生态化有着密切的内在联系

超循环经济是经济发展模式之一，它涉及循环经济、生态资源、绿色经济以及低碳经济等多种经济形态。这些经济形态都是农业持续稳定发展的基础。超循环经济是经济发展、生态环境保护与社会发展高度统一的发展模式，它将上述经济形态综合到一起，促使人类生存系统良性互动、协调一致的发展。在这个发展过程中，物质、信息、资本在各个产业内频繁的流动，得到了充分的利用。在这个往复利用中，需要促进生产效率、资源利用率的提高，因此必须大力发展超循环经济。超循环经济模式创建必然会实现农业生态化。超循环经济的本质是一种大的集合体，工业产业、农业产业、服务产业都是重要的组成部分。农业生态是农业产业超循环经济目标实现的结果。农业生态化是指在一定的区域内，生产过程模仿自然生态系统的运行模式，形成健康稳定的生态网络，在这个网络中，农业生产集约化、高效化，农业产品量足质优，人与自然和谐发展。

（三）超循环经济为农业生态化发展提供参考依据

超循环经济为农业生态化发展提供理论依据与实践依据。农业生态化虽然与超循环经济有着千丝万缕的联系，但是其实质是两个层面的概念，在社会实践中，二者有着明显的差异。超循环经济是全面衡量经济、生态与社会持续发展的模式。农业生态化只是经济社会中以农业产业为对象构建的经济、生态与社会持续发展，可以农业生态化看作是超循环经济的一个子集。超循环的相应理论完全适应农业生态化发展，并且成为农业生态化发展的理论基石，指导农业生态化不走弯路，提供全面的理论参考。从实践的角度看，超循环经济在农

---

① 陈良，江波. 循环经济：我国农业可持续发展的必然选择 [J]. 农村经济，2004（9）：65～67.

业发展方面是为了创建超循环农业经济，强调农业的发展不以破坏生态环境为代价，要成为环境友好型农业。超循环经济构建中遵循的"减量、循环再利用、再创新"原则都可以用于指导农业生态化建设实践。[①]

三、基于超循环经济的我国农业生态化发展现状

（一）生态农业发展状态

20 世纪 80 年代，我国引入生态农业发展模式，通过农业部门的大力推广，在全国各地进行了广泛的实践。时至今日，生态农业的效益已经初步显示出来，尤其是在农业生态环境的保护与促进农业经济持续发展的过程中发挥了重要的作用。目前，我国已经创建了 539 个生态农业示范点，其中有 229 个为国家级生态示范区。据统计，自从我国开始实施生态农业以来，粮食总产量增产 16.1%，单产增长 9.8%，人均粮食占有量也大幅增加。[②]

（二）清洁农业生产实施状况

近些年，农业污染成为继工业污染之后又一环境保护监测难题。2010 年，我国环境保护部门正式将农业污染列入需要治理的污染之一。国务院于次年发布了《"十二五"节能减排综合性工作方案》，创建了针对农业生产的排放监测指标，并且开始大力推行清洁农业，使农业生产与环境保护相协调。据统计，2010 年，我国的化肥使用量占全世界化肥使用量的 1/3，农药用量达 169.8 万吨，其中很大一部分没有被消解，融入水体与土壤中，形成农业残留，导致农产品农药超标，使我国的食品安全受到威胁。国家农业部于 2014 年 10 月 26 日提出要在 2015 年禁止使用高毒性、高风险的农药，并且耕地施肥都采用测土配方，使清洁农业生产的深度进一步加强。

（三）生态农业园区初具雏形

如上所述，我国于 20 世纪 90 年代开始推广生态农业，时至今日，已经初具规模，大体形成了国家、省、市、县四级农业生态示范基地。包括生态农业

---

① 马其芳，黄贤金，张丽君，等. 区域农业循环经济发展评价及其障碍度诊断——以江苏省 13 个市为例 [J]. 南京农业大学学报，2006，29（2）：108~114.

② 伍国勇，马俊丽. 交叉产业生态化是促进"三化"同步发展的战略路径 [J]. 农业现代化研究，2013，34（2）：139~143.

示范园、观光农业旅游园、绿色食品生产园和农业科技示范园四种类型。每一种类型的生态农业园区都是在发挥自身的农业生产的基础上，又开创了特色产业。例如，观光农业旅游园，可以为游客提代观光、游览、休闲、娱乐等服务。农业科技示范园则开始种植各类优质高产的特色果蔬，经济效果明显。

四、基于超循环经济的我国农业生态化发展存在问题及原因剖析

（一）基于超循环经济的我国农业生态化发展存在问题

1. 生产主体积极性不高

农业生态化生产与传统的农业生产相比，投资大，见效慢，经济效益不显著。这就导致很多农户从快速获取经济收益的单一的角度否定农业生态化的优势。虽然，我国各级相关部门为发展生态农业付出了很大的努力，并且进行了大量的实践，试图用实际行动改变农户的看法，但是由于农户自身存在知识障碍、经济障碍以及市场障碍，使得农户对生态农业始终"打不起精神"，很多区域生态农业的发展都是依靠企业牵动、政府补贴发展起来的。

2. 资源利用不科学

农业生态化过程是生态意识、技术与思维的整合统一，它需要在具备生态资源合理利用意识，掌握生态资源高效利用技术，并且具备生态生产的创新思维，这样才能实现超循环经济中提提到的"减量"原则。然而，当前我国很多土地资源的产权不明晰，很多公共资源被农户免费或低成本使用，农户都希望在使用期限内将土地资源的价值全部"挖尽"，始终将个人利益摆在首位，不具备生态资源持续利用的意识与想法，大量的农业资源被低效使用。

3. 产品的非生态化

很多农业生产经营者都是将个人的经济利益摆在首位，于生态效益、社会效益于不顾，使大量的农业资源被低效使用，并且在农业生产过程中，资源浪费严重，环境破坏严重，农药化肥残留严重超标。很多农业生产经营者都吹嘘自己生产出来的是"纯绿色""纯有机"产品。然而，从绿色产品、有机产品的概念出发，根据绿色有机产品指标体系来进行检查，这些产品都是非生态化产品。

4. 发展路径模糊

虽然生态农业已经在我国推行多年，并且已经创建了数百个示范基地，但是这些示范基地都是以企业的形式存在的，在全国农业生产资源的利用上，所起到的作用是微乎其微的。从总体情况来看，我国的农业生产资源依然没有得

到最合理的利用，利用效率仍然低于发达国家水平，究其主要原因就是生态化发展路径模糊。生态农业在我国的发展成了"摸着石头过河"，"看一步，走一步"，没有整体的发展思路，没有具有规划性的发展方案。没有明确的方向与目标，就很难带动广大农户"死心塌地"地进行生态农业生产。

（二）基于超循环经济的我国农业生态化发展存在问题的原因

1. 农业生态化意识不强

我国是农业生产大国，农村口多达 9.4 亿，长期居住在农村的人口有 7.5 亿，这些农村人口是农业生产的主力军。由于科教文化发展水平较低，大多数农民文化素质较低，他们没有农业生态化意识，在农业生产中忽视环境保护问题，更没有减少农业污染的想法。大多数都是以短期、自身利益为主，忽视长期、社会整体利益，在农业生产过程中目光短浅、急于求成。同样是由于大多数农民的文化素质较低，他们不能找到学习生态生产知识的渠道，不能掌握生态知识与技术，这也成为阻碍农业生态化生产的因素之一。

2. 农业生态化发展资金不足

如上所述，生态农业是一个高投入、长周期、见效慢的生产模式。要想实施生态化农业，首先要注入大量的资金。这些资金主要用于技术的引进、设备的购置、生产环境的营造等，这些资金的投入会使传统的农业方式转换为生态化农业生产方式。对于生产者来讲，投入这部分资金是存在风险的，稍有不慎，也有可能"满盘皆输"，正是由于这个现实性问题的存在，很多投资者都会慎重投资农业生态化生产，政府的补贴数量较少，也会使农户的积极性无法被充分地调动起来，风险补偿机制的欠缺，无法打消农户的后顾之忧。

3. 农业生态化生产技术欠缺

农业生态化生产技术是实现农业生态化的关键，没有农业生态化生产技术，农业生态化就是"纸上谈兵"。生态农业生产技术包括生态园学科学规划与管理技术、生态有机化肥生产与使用技术、生态农药的生产与使用技术等，在上述几个方面，我国的技术水平与发达国家还差很大一截。技术的欠缺与落后制约着农业生态化的脚步。虽然我国正在农业生态化生产技术方面进行了大量的投入，重要的科研成果也是相继出炉，但是到大范围的推广并取得实效仍需较长的一段路要走。

4. 农业生态化生产管理不到位

我国已经对农业生产所造成的环境污染制定了明确的处罚条例，并且已经对一些触犯环境保护相关规定的事件进行了处理，但处理的力度还不能遏制住一些生产主体的侥幸心理，仍然冒着违规甚至违法的风险，破坏生态环境，宁可被抓被罚，也不愿意投入资金进行生产条件的改善与生态环境的保护。有些环境保护部门执法还会受到地方保护主义的影响，使执法工作困难重重，导致生态化生产管理根本无法实现，对推行农业生态化发展模式是极其不利的。

5. 农业生态化生产制度不完善

生态化农业是新型的生产模式，它的出现、发展到成熟需要政府各级部门与社会的鼎力支持。当前，我国政府为了促进生态化农业模式的形成，已经出台了系列法规、政策与措施。但是这些法规、政策与措施的出台过于零乱，没有形成统一的体系，配套性、可操作性不强。农业生态化生产制度同样存在"多门执政，各自为政"的情况，很多法规、政策、措施的出台都是基本各个单独部门的视角与想法，从总体上来讲，整个制度体系是十分不完善的。

五、基于超循环经济的我国农业生态化发展路径保障措施

（一）构建基于超循环经济的农业生态化制度体系

1. 制定促进农业超循环经济形成的导向性法律体系

为了促进农业超循环经济模式的形成，国家应该从宏观发展的层面，制定具有导向性的法律体系。法律体系应涵盖自然资源的开发利用以及环境保护相关的法律法规。虽然，我国已经于1989年出台了首部环境保护法，实施至今，已有二十多年，并且环境保护法也正在不断丰富与健全。但是这部环境保护法的重点是对已经出现的环境破坏问题的查处，在环境保护方面处于被动，并且这部法律与其他的法律法规之间的衔接不太紧密，导致整体法律规范结构失衡，同时，这部法律中并没有涉及农业生产生态方面的内容。我们应该制定促进超循环经济形成的导向性法律体系，首先要制定配套的法律法规，在农业资源的高效利用、循环再利用方面都制定统一的标准；其次，对现有的法律法规进行修正，将农业生态化发展的内容添加进去，对于农业生态发展中相应的主体的法律责任进行明确的界定；再次，完善规范制度，促进农业生态化发展方案尽快实现，对农业生态技术的提供建立支撑体系，完善农业生态化的公众参与机制，创立绿色消费鼓励机制等。

2. 制定基于超循环经济的农业生态化产业政策

产业政策包括产业技术政策与组织政策。产业技术政策是指政府及相关部门需要以经济发展的客观规律为基础，为了促进超循环经济的农业生态化产业的形成，运用各类政策手段，促进人们尝试参与农业生态化产业中来。主要的技术政策手段包括税收政策、财政政策、金融政策、市场准入政策以及其他相

关政策。产业组织政策是指政府部门以优化配置农业产业领域内的相关资源为目标而制定的政策体系。例如，政府应出台管制措施，改变企业与消费者之间农产品供求关系的传统规则，促进市场的公平竞争。出台信息服务措施，为农业生产经营者提供足够的信息内容，消除信息不对称现象，为产业的发展提供有价值的参考数据。

3. 加强基于超循环经济的农业生态化非正式制度建设

人类在漫长的社会生活中会逐步形成特定的价值、道德观念与伦理规范，这些都是非正式制度的主要内容。非正式制度虽然不成条文，没形成规定，但是会对人们的心理产生软性约束。基于超循环经济农业生态模式的形成，要充分发挥宣传、舆论、媒体引导的作用，使全社会都形成有利于农业生态化发展的价值观、发展观与自然伦理观。

(二) 构建基于超循环经济的农业生态化技术体系

1. 鼓励促进基于超循环经济的农业生态化模式形成的技术创新

技术创新需要从技术选择与技术革新两方面入手。在农业生态化模式形成的过程中，我们应该应用什么样的技术才能达到这一目标，这就需要我们在从众多的"先进"技术中选择出最有效、性价比最高的。技术选择是在大量新技术涌现的基础上实现。因此，当务之急，依然是鼓励科研机构进行农业生态化技术的研发。在众多新技术中遴选出适宜的技术，将其进行推广应用，分批次、分阶段地进行技术革新。技术革新需要有计划、有步骤地实施，它所涉及的不仅仅是技术层面的问题，还会牵涉很多制度层面与市场层面的问题，这就需要做好充分的准备，确定好技术研发、选择与适用方向，为农业生态化技术转化和农业生产力提供保障。

2. 确定基于超循环的农业生态化技术研发重点

技术研发重点的确定可以避免技术研发走弯路，可以使技术转变为生产力的周期缩短。鉴于当前我国农业生产的现状，农业生态化技术研发的重点包括耕地保护技术、土地改良技术和节约用水技术。这三大技术是保证农业生产是否可以将环境保护与资源合理利用相协调，也是当前我国农业生产过程中出现的比较严重的生态环境问题，研发出这些技术并投入到生产实践中，是实现农业生态化的第一步。为了实现农业循环经济，还应该确定循环经济技术研发重点，主要包括生产废弃物的循环治理技术、农业资源循环再利用技术、废弃物质回收技术、资源替代技术等。这些技术是提升农业资源利用率的关键，也是促使农业生产实现超循环的必经之路。

3. 搭建基于超循环经济的农业生态技术创新平台

技术创新平台的搭建可以使农业生产主体主动参与到技术创新中来，为技术创新营造了一个积极、健康的软环境。任何农户或企业都可以运用自己的智慧与才能进行生态技术创新，政府要加强技术产权保护力度。还要为技术创新探索融资渠道。资金为技术创新提供必要的支持，农业技术创新风险大，融资风险大，这就需要政府应该正确引导金融机构发展绿色信贷业务，还要通过合理的引导促进社会资本聚集到农业生态技术的创新中来。

（三）构建基于超循环经济的农业生态化经济体系

1. 实施农业资源价格改革策略

当前，我国社会资源的开发与利用还没有准确地体现于资源价格体系中。在当前的价格体系中，农业资源的价格是十分低廉的，这也使很多人忽视农业资源的价值性，使农业资源的利用率极低。促进农业生态化模式的形成，农业资源价格改革势在必行，只有如此，才能实现农业资源的最优配置。

2. 创建农产品市场调节机制

对农产品的市场进行调节可以通过以下几个途径实现：其一，通过产权途径实现。通过制定并实施明确的产权制度来协调农业市场中各利益主体之间的利益，使农业生产过程之外的技术具有市场价值。其二，进行排污权交易。它是政府调控生产的手段，也是市场化解决环境污染问题的大胆尝试。当前主要适用于工业生产中，可以尝试着将其引入到农业生产领域。政府要通过对生态环境严密地进行调查来设定农业生产过程中需要排放的污染物的数量，保证生态环境在不得不被污染的情况，可以利用自身的生态循环，来尽力弥补，将破坏性降到最低。其三，促进农副产品交易。农副产品交易是指将农业生产的废弃物当作产品推向市场进行买卖。通过农副产品交易可以使一些废弃物被再利用，资源的利用率被提高。

基于超循环经济的农业生态化模式的形成与推广运用并非一朝一夕可以实现，它需要我们立足于我国农业发展的实情，着眼于经济持续、健康、稳定发展的高度，统筹规划、因地制宜，转变传统观念，拓展发展思路，脚踏实地从生态农业发展中存在的问题入手，通过制度体系、技术体系与经济体系的构建，尽快实现农业生态化，使农业的发展收获经济效益的同时收获生态效益与社会效益。

附录六：

关于家庭农场经营与发展的问卷调查

尊敬的被调查者：

您好！

我们是湖北省科技厅"家庭农场"课题组，这次调查的目的是为了准确掌握湖北省家庭农场的发展情况、存在问题及制约瓶颈，为政府部门出台相关扶持政策提供决策咨询。希望您不要有任何顾虑，如实填写。

衷心感谢您的合作！

经营者性别_____，年龄____岁，联系电话_____。

一、经营主体

1. 您的文化程度是____（①小学以下；②小学；③初中；④高中及中专；⑤大专及以上）。

2. 您的家庭农场的经营形式是？

    A. 个体工商户（非法人）   B. 个人独资企业

    C. 合伙制（无限责任）   D. 公司制（有限责任）

3. 您是否是本地村民？_____ A. 是　B. 否

4. 您经营家庭农场多久了？____年。

二、经营规模、用途及土地来源

5. 您的经营范围是？（可多选）

    A. 纯种植   B. 纯养殖

    C. 种养结合（种植用地____亩，养殖用地____亩）

    D. 种植兼休闲   E. 养殖兼休闲   F. 种养兼休闲

6. 您经营的土地面积____亩，土地地块数量____块。

7. 您现有的流转土地面积＿＿＿亩。

8. 您流转土地的来源是？

   A. 村合作组织　　　　　　　　B. 公开市场

   C. 其他＿＿＿＿＿＿＿＿（自填）

9. 您取得流转土地的方式是？

   A. 租赁　　　B. 转让　　　C. 合作　　　D. 互换

   E. 转包　　　F. 入股　　　G. 拍卖

10. 您的土地流转价格为＿＿＿＿＿（元/亩），价格是如何确定的＿＿＿＿＿

11. 最近一次流转土地是否签订合同？

   A. 是　　　B. 否　　　若"是"则此合同的年限为＿＿年？

12. 在合同期限内，土地流转价格是否随粮食价格等市场因素的变动进行调整？

   A. 是　　　B. 否　　　若"是"则如何调整？＿＿＿＿＿＿＿＿＿

13. 您在土地流转中遇到的最大问题是？＿＿＿＿＿＿＿＿＿＿＿＿＿

三、资金来源

14. 截至 2016 年底，您的家庭农场的投资规模是＿＿＿＿＿万元，其中自筹资金为＿＿＿＿万元，政府支农资金为＿＿＿＿万元。

15. 您的家庭农场经营资金的来源是（可多选）

   A. 自筹资金　　　　　　B. 银行贷款资金　　　　　　C. 财政支农资金

   D. 外部投入资金　　　　E. 民间借贷

16. 如果您采用借贷方式筹集资金，是担保还是抵押？

   A. 担保　　　B. 抵押　若是"抵押"，您的抵押物是＿＿＿＿＿＿

17. 您所采用的融资方式能否满足您的需求？

   A. 非常满意　　　B. 基本满意　　　C. 不满意

18. 您还希望通过何种途径获取资金＿＿＿＿＿＿＿＿＿＿＿＿＿＿＿

四、要素投入：人力资本与技术

19. 您现有总用工人数＿＿＿人，其中当地人数为＿＿＿人，工资水平＿＿＿＿＿元/月。

20. 您平均每年的投入成本＿＿＿＿＿万元，其中雇工成本＿＿＿＿＿万元，生产资料（如种苗、化肥、饲料、农药等）投入＿＿＿＿＿万元。

21. 您现有多少农用机械？
    A. 耕作机械（　　）台；
    B. 农用排灌机械（　　）台；
    C. 收获机械（　　）台；
    D. 田间管理机械（　　）台；
    E. 林果业机械（　　）台；
    F. 畜牧养殖机械（　　）台；
    J. 渔业机械（　　）台；
    H. 农副产品粗加工机械（　　）台；
    I. 运输机械（　　）台。

22. 您是否聘用现代化农业生产的技术人员？____　A. 是　B. 否

23. 是否与技术单位有相关技术合作？____　A. 是　B. 否

24. 技术运用方面是否能满足需求？____
    A. 非常满足　B. 基本满足　C. 不满足

25. 技术运用方面还需要什么样的支持和帮助？_____

五、收益情况与利润分配

26. 您 2016 年家庭农场的总收入____万元，生产经营性收入____元，休闲经营收入____万元。

27. 家庭农场总收入中，用于再投资的金额或比重_____万元（％）。

六、销售渠道

28. 您的农产品主要的销售渠道是（　　）。
    A. 企业收购　　　B. 网上电子平台　　　C. 集贸市场
    D. 合作组织收购　E. 专业市场　　　　　F. 卖给销售公司
    G. 卖给销售大户　H. 直接销售（卖给消费者）
    I. 其他_____

29. 销售方面您与有关的农业企业、专业合作社有合作关系吗？（　　）
    A. 从来没有　　　B. 偶尔有　　　C. 经常有

30. 是否拥有自己的品牌（农场所生产的农产品的品牌)？（　　）。
    A. 是　B. 否

31. 你觉得知名的品牌能够带来相应的经济回报？（　　）。

A. 非常不同意　　B. 不同意　　C. 无所谓

D. 同意　　　　　E. 非常同意

32. 销售方面存在哪些困难？（　　　）。

A. 无人问津　　　　B. 销售价格太低

C. 没有销售渠道　　D. 没有知名度

E. 产品附加值太低　F. 其他＿＿＿＿＿＿＿＿＿＿＿＿＿＿

33. 销售方面，农场最需要哪些方面的帮助（　　　　）（限选三项）。

A. 拓展销售渠道　　　B. 提高知名度　　　C. 增加产品附加值

D. 相关政策支持　　　E. 提供销售培训　　其他＿＿＿＿＿＿

七、政策支持

34. 你的家庭农场享受的政府补贴有哪些及补贴金额？

A. 土地流转补贴（＿＿＿＿＿＿＿元/亩）

B. 建立家庭农场的补贴（＿＿＿＿＿＿＿元/亩）

C. 良种补贴（＿＿＿＿＿＿元/亩）

D. 农业机械补贴（＿＿＿＿＿＿万元）

E. 其他补贴（如保险补贴、项目补贴等），补贴是金额是＿＿＿＿＿＿＿

35. 政府还需在哪些方面给予财政支持？＿＿＿＿＿＿＿＿＿＿＿＿＿＿＿＿＿

36. 您最需要政府在哪些方面给予扶持？

A. 土地流转　B. 基础设施建设　C. 采用新技术　D. 农机补贴

E. 建立示范基地的补贴　　F. 相关培训　　G. 资金来源

37. 农场得到相关的公共服务主要有哪些（　　　）（可多选)?

A. 农产品的市场信息　　　　B. 气候预报

C. 农村信用贷款　　　　　　D. 农产品的推广

E. 农业技术培训　　　　　　F. 农产技术指导

G. 虫害防治　　　　　　　　H. 农机服务

I. 惠农政策解读　　　　　　J. 无

其他＿＿＿＿＿＿＿＿＿＿＿

38. 当前您最需要的公共服务主要有（　　　)?

A. 农产品的市场信息　　　　B. 气候预报

C. 农村信用贷款　　　　　　D. 农产品的推广

E. 农业技术培训　　　　　　F. 农产技术指导

G. 虫害防治　　　　　　　　H. 农机服务

I. 惠农政策解读   J. 无

其他_____

衷心感谢您的参与和支持！

附录七：

Research on Logistics Analysis for Enterprise based on Supply Chain Optimization

1. Introduction

Often, taking a look at these business capabilities together and getting results with each other is the best way to resolve complicated logistics issues. This is correct regardless of whether your own supply chain extends over the state, the country or even the globe. The actual widespread adoption of just-in-time (JIT) inventory principles undoubtedly makes manufacturing procedures more effective, cost effective and client receptive. Businesses effectively implementing JIT principles have considerable aggressive advantages over rivals that have not. The trick is figuring out how you can utilize JIT concepts to gain aggressive benefits inside your specific business as well as company scenario [1]. The basic premise of JIT would be to have the perfect quantity of inventory, whether recyclables or even completed goods, available to meet the demands of the manufacturing process and the needs of the finish clients. Forget about, nor less. The actual closer you get to working inside a true JIT scenario, the greater responsive you are to your clients and the less capital you've tied up within recyclables and finished items stock. The less spent to keep as well as have inventory, the less obsolescence you need to write off, and also the better you are able to optimize your transportation as well as strategies procedures [2]. Eventually, this all translates into conserving your organization real cash. The problem with JIT is that it is really a continuum; the closer you get to this, the greater beneficial it's for your company. However go too far and reduce stocks too much, the actual much less beneficial it is for the business. An excessive amount of or too little stock leaves you in a aggressive (or even cost) disadvantage to your competitors. But when you can do it correct, JIT can be a strategic source of aggressive benefit.

First, understand that it is not just the logistics or even stock boss's job to implement and succeed from JIT. If you get beyond considering JIT is associated with one business perform, then you're already halfway presently there. JIT is really a business strategy that needs the cross-functional team your coordinated fashion with typical and overlapping goals and objectives. Seems easy, but it is difficult. In order to emphasize the reason why it's not easy, let us contrast the way the demand/production preparing, sourcing/purchasing as well as logistics/transportation company functions work within operations that are not JIT dependent as opposed to the ones that originally was.

2. Problem Descriptions

1. Non-JIT Operations

The conflicting of Customer Service and Inventory is shown in Fig. 1. The demand/production planner strives to optimize production-oriented goals and objectives such as equipment utilization, work efficiency, throughput as well as uptime [3, 4]. Optimizing these types of objectives usually leads manufacturing planners to run big order sizes or to operate batch sizes which are determined by the availability associated with raw material lot sizes. This particular optimizes gear as well as work use as well as throughput, but exactly what does this do to completed items inventory amounts? And just what if the customer uses a various product? Obviously, manufacturing organizers as well as supervisors should be focused on the actual procedures, but not at the cost of the larger image: JIT. While running smaller batch sizes with increased frequent changeovers disrupts the production process, it is advisable to applying the JIT concepts to profit the company.

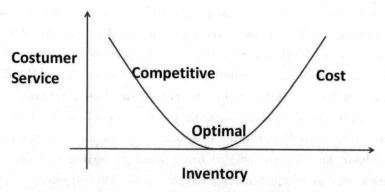

Fig. 1　Illustrations of Relationship of Inventory and Consumer Service

　　The actual sourcing/purchasing supervisor gravitates towards concepts which reduce the corporation's invest overall. This manager consolidates the spend on proper providers offering items or materials at the lowest per-unit costs through volume purchases. They might even work out landed costs, which mean they obtain the shipping and freight expenses contained in the cost. It depends on the objectives. However, for the most part, buying supervisors tend to be centered on getting the best price, provider overall performance and reliability [5]. The logistics/transportation supervisor is actually tasked with getting raw materials in and handle goods from the production process and looks for to optimize the actual transport as well as submission network. This supervisor concentrates on the cheapest price and toughness for the strategies and transportation solutions. Because dependability is a requirement, lowest cost may be the concentrate. It is fine when the buying group negotiates a delivered cost bundle with a provider because it indicates less expensive, and also the provider accounts for the actual dependability and gratification of the carriers or transporters, a minimum of in theory.

2. JIT Operations

　　This time, the actual need planners and supervisor nevertheless focus on the same functional overall performance measures mentioned above equipment utilization, work efficiency, throughput as well as uptime but not solely; there are other equally important goals that support JIT operations. Within the JIT-based operation, day-to-day activities are impelled through constantly replenishing the customer-demand-driven finished items stock focuses on. These targets "pull" or even generate the development strategy, using production assets, work and even the actual reordering of raw materials low cost or even warehousing/distribution procedures. Essentially, JIT demands production to become linked more straight to short-term customer demand patterns. The actual finding supervisor continues to be focused on the cheapest cost, as well, however in the actual context from the problem. Even without the JIT, the best cost may result in buying materials in bulk amounts as well as taking delivery all at one time. This may not be a problem when it comes to implementing JIT concepts, but it causes large possible pitfalls. Very first, bulk amount of recyclables must be handled and stored. This can connect a great deal of funds, in addition to consuming assets and labor. Second, what goes on when there is an issue with the material? The actual long lead time indicates you can't have more for weeks or months, bringing you a large volume of suspect materials [1, 6].

In a JIT-based procedure, purchasing focuses on the lowest total cost. When all of these are considered together, buying inside a JIT environment demands various kinds of contracts as well as relationships with suppliers ones that are not dependent solely upon unit price as well as supplier quality.

The logistics supervisor nevertheless concentrates on cost as well as dependability, but JIT can change many things. First, the days of solely using bulk carriers and deliveries are gone or a minimum of designated. Instead, strategies managers need to become familiar with shipping smaller lots or amount of material. Simply because full truckloads or shiploads tend to be rarely utilized in JIT, these types of managers need to become amply trained within how to transport smaller sized plenty dimensions using less-than-truckload carriers, 3PLs to share as well as integrate loads, as well as freight forwarders as well as consolidator for international and cross-border deliveries. These techniques permit smaller plenty to become relocated at the same cost for each unit as larger loads whilst reducing the costs associated with storing as well as handling bulk deliveries.

3. Problem Formula

A vital enabler associated with JIT production is really a production process that minimizes how long it requires with regard to item circulation through the manufacturing procedure through beginning to end. A lean manufacturing process is one in which the real flow-through period is almost comparable to the actual value-added processing or even manufacturing time. What this means is materials spends minimal amount of time in work-in-process stock lines and stockrooms [7].

Here is an easy check. Look around the production procedures shown in Fig. 2. Your own process could be slimmer if considerable levels of work-in-process stock are actually between function facilities or even digesting actions; in this instance, the actual flow-through time of the procedure is substantially longer than the value-added processing period. Simply by through an expert assess your production procedure and identify crucial places that lean/flow techniques could help decrease lead times, and then allowing the actual professional in order to roll-up this particular or the woman's sleeves and assist you to put into action those enhancements, you may be a lot nearer to the JIT operation.

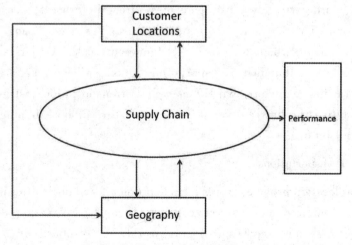

Fig. 2　Design of Supply Chain

Manufacturing preparing in a slim JIT atmosphere indicates performing things in a different way. As there is much less border with regard to error, the actual planner needs to be really familiar with the procedure capability in terms of changeover times, move designs (the relative impossibility of switching in one specific item to another) and also the accurate guide times of every item. Having a great handle around the actual demand patterns for products is important. These are just some of the key inputs to developing the production plan inside a JIT atmosphere. By utilizing empirical methods to much better understand as well as define acceptable parameters, the consulting expert can be cultivated efficient production ideas which assistance a JIT atmosphere.

4. Logistics Descriptions

4.1 Sources

Typically, purchasing materials in bulk quantities and buying strategies services as bundled up options for delivering these components was what you want. In transport as well as logistics, scale is always continues to be the key in order to affordability. How do we obtain the price benefits of scale whenever following JIT concepts of buying in smaller sized lots? Increasingly, the answer is in order to unbundle the transportation answer while using numerous third-party logistics companies, freight forwarders as well as consolidators. Their raison is to take the smaller sized loads of many purchasers and mix them to achieve economies of scale. Understanding the marketplace for unbundled transportation options as well as designing a logistics that fits each your own JIT as well as transportation cost goals is no easy job. Often the best answer is really a mixture of both bundled up and unbundled solutions.

4.2 Transportations

Global location provides stores include problems and difficulties in order to developing complete and correct costing. Long lead occasions, multiple trading partners and repair providers, worldwide responsibilities, tariffs, taxes, as well as elevated dangers tend to be however a few of the crucial factors that should be accounted for and understood. The actual fast raises in worldwide trade have happened quicker than the resources and techniques for complete as well as accurate priced at possess developed. While a number of new software programs that assistance worldwide industry and can include numerous priced at components are available, management an accounting firm can't depend on these types of on your own. Person businesses have different provide chains and different functional strategies. Software program can support and enable better choices, but it cannot manage global provide stores alone. This SMA indicates guidelines with regard to administration accountants as well as others to enhance their understanding of what's included to accomplish total and correct costing of worldwide supply stores. Additionally, it offers the rationale for developing complete and correct costing to aid their own companies as well as management in the improvement of logistics overall performance as well as in handling the inherent risks of sourcing as well as promoting across borders as well as internationally.

Before buying the actual logistics answer as well as services to aid a JIT environment, a thorough, fact-based assessment of your transport system should be finished. This is also true for businesses with a foundation of owned or leased assets with regard to transport, warehousing, and so on. Carrying out this kind of assessment is a complicated, data-intensive affair and requires substantial expertise and numerical modeling abilities to complete. The good thing is there are varieties associated with software programs that enable this complicated analysis to become finished rapidly as well as relative inexpensively without purchasing any software program. Such checks as well as designs permit you to determine the perfect places for industrial environments as well as DCs, exactly what the optimum selling methods tend to be for each and just what mixture of transport routings as well as modes are optimal to achieve your own price as well as service-level objects. The key, nevertheless, would be to get the models and perform the evaluation that enables you to definitely enhance the actual strategies, transportation as well as production systems.

5. Case Study

Worldwide supply chain priced at excellence will impact crucial corporate financial measures as well as shareholder value. The next provides a situation example produced by the author and colleagues to illustrate the problems and opportunities within managing global provide stores, and its impact on organization financial records. While the title "Action Apparel" is actually make believe, the example is based on actual composite info from the apparel industry. The foundations and techniques can be applied in order to many industries. As proven within Display 4, Action Apparel has sales of $2 billion, a 68% cost of goods offered ratio ($1. Thirty six billion), SG&A costs of 26% associated with product sales ($520 zillion), and net profit through procedures of $120 zillion, or even 6% associated with sales. Motion Apparel also accomplishes 6 stock becomes each year, resulting in a typical inventory level of $226 zillion, based on inventory cost ($1. 36 billion split through six). It is assumed which 100% of its products are sourced just offshore. It is also thought that Action Clothing incurs sourcing overhead associated with 5% of Inventory, or $68 zillion. This quantity might increase depending on the degree of regular website appointments with the offshore providers or even the quantity of employees needed in the countries of origin. Action Clothing has the opportunity to reduce costs in a number of critical areas. The results are shown in Table 1.

Table 1　　　　　　　**Optimal Results obtained optimal supply chains**

	Enhancement	Dollars ($)
Cost	0.5%	5.7 million
Inventory	20%	23.2 million
Reductions	13.7%	9.32 million

6. Conclusions

Worldwide supply chains are now being recognized extensively because substantial machines of higher costs. The continuing increases within worldwide trade, globalization of finding, production, and distribution, combined with the natural lengthier guide times as well as difficulties, have led to severe challenges among monetary as well as management an accounting firm to understand and up with the actual functional modifications and their impacts on financial administration. Complete as well as correct costing of worldwide provide chains is complex, but it's essential for the look, cost management, and charge of global supply chains. Total as well as correct priced at is prime in order to understanding organization procedures and also to achieve dramatic supply chain enhancements. As offered in this SMA, administration an accounting firm ought to gain an awareness from the corporation's worldwide provide chains' their purpose, procedures, as well as geographies as well as, with the help of supply chain supervisors and logistics providers, map overall performance when it comes to quantities, costs, period, and the crucial activities that drive them. Then administration accountants ought to become familiar with the total expenses of worldwide supply chains and determine where and how to locate or even estimate these expenses. In addition, logistics managers and service companies can be helpful within this procedure. When the total costs are identified, and meanwhile the crucial actions which bring them tend to be determined, administration accountants can advise company managerson methods to manage as well as manage all of them. Often times, improved business processes is going to be needed to better reflect the actual completeness and difficulties of international procedures. Also, generally, a good interdisciplinary team associated with management accoutents, strategies, supply chain, product sales, sourcing and other inner specialist will be needed, along with the aid of providers, to build up a working administration model for preparing, budgeting, after which managing the total costs.

Improved info technologies are now available which allow much better understanding and management of worldwide expenses. Administration an accounting firm should help with analyzing these types of more recent solutions and advising on their own selection and programs in order to greatest satisfy the company requirements. Next, administration an accounting firm ought to evaluate their logistics financing providers and possibilities to do the total cost user profile from the physical, monetary, and information stores. As soon as these actions tend to be finished, new techniques for supply chain cost decrease as well as revenue factor could be invented.

附录八：

资源型农村产业转型升级研究

——以湖北省竹山县绿松石产业为例

一、资源型产业转型升级研究现状综述

国内外有许多关于资源型产业转型升级问题的研究。较早的研究者如美国经济学家罗伯特·默顿·索洛等人开始研究关于资源型产业可持续发展问题，可以追溯到20世纪70年代。1993年，Auty在研究资源型产业国家的经济发展的问题时，发现有许多资源丰富的国家和地区的经济发展速度并没有因为资源的优势领先，反而不尽人意。由此认为丰富的资源对于经济的发展不一定是有利条件，而是一种制约。由此提出了"资源诅咒"的概念。在此之后，许多经济学家开始对"资源诅咒"这一假说进行检验。他们引入众多解释变量，发现大量样本的自然资源的丰富程度和经济增长速度之间呈现出相反方向的变动，呈负相关关系。我国学者冯宗宪等认为，在我国"资源诅咒"现象频频出现的原因是投入资源型产业的生产要素的比重过大。邵帅等也对"资源诅咒"假说进行了验证，并得出了避免产生"资源诅咒"的主要途径是提高人力资源投入比重的结论。

综上所述，国内外学者就许多方面对资源型产业转型升级的问题进行了讨论与分析，但是针对我国特殊的资源型农村产业转型升级的研究并不是很多。本文将以湖北省竹山县的绿松石产业为例，深入分析我国资源型农村产业的问题，并针对这些问题，提出相应的对策和建议，以期为国内资源型农村产业的转型升级提供经验与帮助。

二、我国资源型农村产业转型升级的现实意义

中国经济在1978年改革开放后发展迅速，并于2010年超越日本，一跃成为世界第二大经济体。在国家经济快速发展的背后，资源型产业功不可没。其

中，资源型农村产业也是不可或缺的一部分。在 2017 年 10 月，党的十八大报告提出的"全面建成小康社会"、党的十九大报告提出的"乡村振兴战略"，说明了党和政府更加重视乡村经济的发展和突破。在经济发展的过程中，县域经济、农村经济是重要的组成部分。但目前我国资源型产业尤其是资源型农村产业的发展仍面临着十分突出的问题：过度开采导致的环境破坏，资源发展可持续性差；单一化的产业结构，导致对市场和资源的过度依赖；在整个产业的发展过程中，缺乏创新意识，失去了许多产业转型升级的大好机会。因此，如何推动资源型农村产业的转型和升级，破解资源型农村产业发展过程中的诸多矛盾和问题，是关系我国能否实现乡村振兴战略、实现全面建成小康社会这一目标的重要问题之一。

三、竹山县绿松石产业现状

（一）绿松石资源产储量大

湖北省竹山县是世界知名绿松石产地之一。2010 年，竹山县绿松石被中国国家质检总局批准为地理标志产品进行保护。业内普遍认为，中国拥有世界上 70% 的绿松石储备，而中国的绿松石储备又有 70% 在湖北省竹山县。在湖北省绿松石主要分布的三条资源带中，竹山县的喻家崖所处的南带矿区已发现的矿点高达 80 多处，据保守估算，竹山县境内绿松石储量达 15 万吨，潜在价值高达 10000 亿元。且绿松石年开采量巨大，据统计，近年来竹山县全区的绿松石年开采量在 300 吨左右。

（二）绿松石资源价值高

绿松石本身作为一种非常优质的玉材，被中外各国人民使用及佩戴已经有很多年的历史，一直被视为珍贵宝石的一种。绿松石本身品质差异较大，故其价格也有着很大的差异。湖北省竹山县的大部分矿口出产的绿松石品质优良，硬度大，光泽质感极好，属于国际绿松石标准界定中的最上品——瓷松。特别是湖北省竹山县潘口乡的丫角山出产的绿松石原矿，品质非常优良。如同此类品相好、质量优的绿松石产品，近年来的价格增长速度极快。从最开始的价比黄金，到现在的价超黄金，从最开始的 200－300 元每克，到现在的成品价格 300－1500 元每克。部分品质极高的顶级绿松石成品市价甚至达到 5000 元每克，价值和众多文玩产品相比毫不逊色。

（三）绿松石产业发展水平不高

竹山县目前的绿松石产业发展模式较为传统，相比于国际上先进的绿松石产业缺点很多：首先是生产效率较低。竹山县传统的绿松石生产模式主要是小作坊和小企业生产，多为手工作业，和先进的全自动及半自动机械化生产相比，效率较低。其次，传统的绿松石作品设计完全取决于工匠个人的艺术审美，许多产品设计水平不高，缺乏创新创意成分，导致作品设计和制作过于单一化，且不能完全反映客户的需求。再次，大部分小企业和作坊缺乏企业品牌意识，没有把品牌的价值附加到产品上，没有完全开发出产品的价值潜力。最后，缺乏广告宣传的意识。绿松石产品本身作为一种高价值的文玩产品，受到许许多多文玩收藏家的喜爱，但是宣传力度的不足，导致绿松石市场的潜力还没有被完全激发。

（四）绿松石产业发展可持续性不强

竹山县绿松石储量可观，但是和许多资源型产业的发展过程相同，由于历史上的多次大规模开采，许多矿区濒临枯竭。竹山县有一处注明绿松石矿区——喇叭山，便是大规模开采留下的矿洞形似喇叭而得名。同时，由于绿松石矿主要呈鸡冠状分布，开采过程中存在一定运气成分，导致产量具有不稳定性。因此，该县的绿松石产业发展可持续性不强，过于依赖丰富的绿松石资源，发展模式尚待改进。需要抓住机会，对整个绿松石产业进行转型升级。

（五）绿松石产业占全县经济比重大

竹山县是湖北省国家级贫困县，工业发展起步较晚。经济产值中，绿松石产业的地位十分重要，是全县的支柱产业，占全县经济总体的比重很大。2017年绿松石产业集群被纳入湖北省重点成长型产业集群。近年来高速发展的绿松石资源产业，也为县域经济提供了大量的就业岗位和脱贫致富机会。许多乡镇开设绿松石专营店，解决了大量的就业问题，为矿区人民脱贫致富做出了杰出的贡献。

（六）绿松石产业监督与管理尚不完善

竹山县丰富的绿松石资源很早就受到县市政府的格外重视。资源开发早期，矿区产权被出售给开发者，后来逐渐国有化，不再对外承包。但是资源国有化的过程中，当地村民的利益和国有化之间的矛盾一直成为问题。2012年5月，湖北省绿松石商业行会成立，成为维护行业秩序、协调各方利益、规范和监管绿松石行业的平台。同时，通过招商引资，兴建国际绿松石城项目。该项目总投资 10 亿元以上，占地总面积 302．21 亩，旨在建设一个完整的绿松石商业平台。但是，由于绿松石成品价格的不断提升，盗采绿松石原矿现象屡禁不绝。政府和公安机关协力打击盗采，但是依然有不法分子顶风作案。同时，整个绿松石产业缺乏一个成熟的行业认定标准，缺乏宝石类商品应有的成熟完善的分级制度，也缺乏对应的统一的价格系统。2018 年，该县提交的《绿松石分级国家标准》才刚刚通过国家审批，但还未全面实施。这导致消费者很难衡量绿松石商品的价值。

四、竹山县绿松石产业转型升级对策与建议

当前是我国全面建成小康社会、实施乡村振兴战略、帮助贫困人群实现脱贫致富的关键时期。同时，国内绿松石产业也进入了转型升级的重要阶段，针对竹山县绿松石产业目前的发展状况和发展中出现的各种问题，提出以下几点对策与建议：

（一）完善产业链条，提高附加价值

竹山县绿松石行业的产业链条不够完善，许多还停留在小作坊小企业独立生产的阶段，需要进一步完善整体产业链，从开采原石到销售成品，实现整个产业链的延长。同时更多地挖掘绿松石的文化价值，大力推广绿松石品牌，提升绿松石品牌的价值，从而提升整个行业的利润率。从粗犷式经营转变为精细化经营，实现从单一的绿松石产品售卖，到未来的绿松石的文化、贸易、旅游三大产业融为一体的大格局。

（二）提高创新意识，推动产业升级

竹山县整个绿松石行业从产品的设计到制作，均缺乏一定的创新意识，导致生产的绿松石产品更新慢，设计千篇一律。应该推动整个绿松石从业人员积极学习国际先进珠宝品牌的设计理念和制作经验，向绿松石从业者宣传和普及文玩作品创新设计的意义，组织欣赏国内外的优秀作品，推动产品设计的创新。改善当前作品单一化粗糙化的特点，尽力开发和创造具有创新意识的新颖产品，进一步深挖国内外的绿松石市场。同时，推动当前设备和工艺的升级和优化，采购效率更高，精细程度更高的机械化设备。鼓励绿松石生产和加工企业吸收国内外的先进工艺，执行更严格的质量标准，提高全县绿松石生产企业的竞争力。加快从单纯依靠丰富绿松石资源进行发展，到依托先进的技术、拥有浓厚的绿松石文化和绿松石资源进行高质量高水平发展的转变。从而实现发展的绿色环保化和可持续化。

（三）加强监督力度，规范绿松石市场

县乡政府应该加强对绿松石开采和销售的监管力度，严厉打击绿松石盗采以及出售假绿松石的行为，树立全县绿松石产品的口碑。规范绿松石行业价格，建立权威的绿松石鉴定机制和机构，推动稳定供应、稳定需求的市场的形成。同时，政府机构应当发挥引导作用，通过部分国家控股权的让渡，吸纳更多的非国有资本，共创协同开发，共同收益的新局面。积极改善矿区人民的生活条件，提高矿区人民的生活水平，继续推进矿区人民积极就业、脱贫致富，协调矿区人民利益和国家利益，推动乡村振兴战略的实施。

五、总结

资源型农村产业的优势是借助资源的丰富性，激发经济发展的内在动力，从而带动整个区域经济的发展。但是，如何克服资源型产业的发展中的产品结构单一化、可持续性不强等问题，实现资源型农村产业的转型升级，从而破除"资源诅咒"呢？综合本文的案例和研究结果，可将针对资源型农村产业转型升级的建议与意见归纳为以下三点：一是要结合自身特点，充分利用自身优势。每个资源型农村产业所在地都具有相应资源丰富的共同点，但是不同的资源类型也需要挖掘其自身的特点，因地制宜。针对其自身的优势，大力宣传和推广产业文化，打造产业特色，形成自己的核心竞争力。二是要积极推动产业创新，努力提升产业竞争力。资源型农村产业在发展的过程中要始终坚持创新发展理念，完善延长整个产业的产业链，不断地提高产品的附加值。同时积极宣传技术创新精神，更新技术内容，提高生产效率，增加经济效益。资源型农村产业不能过度依赖地区的资源，而是要优化产业的结构，避免发展单一化，将资源型产业和当地的旅游产业文化产业相结合，提升产业的核心竞争力。三是政府要积极引导监督，为产业升级保驾护航。各级政府应该拥有高瞻远瞩的视野，在资源型农村产业发展的早期就确立科学正确的、符合市场规律的顶层设计，并始终贯穿作用于整个产业的发展过程之中。对于资源型农村产业来说，达到转型和升级的条件之后，越早制定转型升级的具体政策并实施，对整个产业发展的好处就越大。同时，政府应积极履行监督管理的职能，着力形成有利于资源型农村产业进行转型升级的市场环境，促进产业的转型升级。还应协调产业发展中的各项矛盾，实现发展的同时兼顾环境保护和人民生活水平的提高。

附录九：

发展农业产业集群 推动襄阳农村城镇化建设

一、引言

我国"十一五"规划纲要就已经明确"要把城市群作为推进城镇化的主体形态","十二五"规划再次建议，促进大中小城市和小城镇协调发展。"十三五"规划明确了要加快新型城镇化步伐。城镇化是区域经济增长的火车头，推动中国城镇化建设，可以促进现有的城乡二元经济结构转换、缩小城乡收入差距、削减城乡发展不平衡现状，同时也能促进产业结构升级，提高区域综合竞争力。同时，农业产业化是现代农业发展的方向与基本途径。

湖北省在中部崛起中占有极为重要的战略地位，湖北省作为中部地区农业大省，湖北农业是中部崛起的"生命产业"、"优势产业"、"支柱产业"和"品牌产业"。推进农业现代化是湖北省重大的政治责任。但目前整体上湖北省农业现代化水平不高，仍处于农业大省向农业强省跨越阶段。襄阳市凭借区位优势和资源禀赋成为湖北省农业大市，在湖北省的农业地位举足轻重。

发挥城镇化拉动力及农业产业集群的优势，是完善襄阳城镇体系、发展襄阳城镇经济的首要任务。重点在于适当扩大城镇规模、构建支撑城镇经济的产业集群。但都要依赖于地区经济尤其是城镇经济的发展。发展城镇经济，关键是要创新广大农村的经济组织模式。农业产业集群以其特有的成本优势、市场优势和辐射效应、推拉作用，宜作为襄阳地区城镇经济发展的首选。

二、城镇化与产业集群互动互促的内在机理

（一）推进城镇化有利于农业产业集群的发展

实践证明，我国大部分地区的产业集群都是始于农村和小城镇的，是城镇化快速推进的直接衍生品。

城镇化是产业集群的重要依托。城镇化推进的同时，会使众多企业集中在一起逐渐形成集群现象。产业集群形成之初基本都是企业在市场力量的驱使下自发形成的，随着集群发展到一定阶段，政府会积极参与扶持和助推集群发生质变。产业集群是产业与区域的有机结合，具有明显的产业特性、地域特性与网络特性。其中，产业是区域的经济增长极，区域是产业的栖息地，通过网络化把企业和相关支撑机构联结在一起形成产业群。产业群通过地理集中和产业组织优化以及协同效应获得经济要素的竞争优势。同时，产业集群的形成不仅需要集群产生的供给条件和需求条件，还需要产生集群的社会文化和历史条件。城镇化使得社会和文化资本丰富并使得集群内部的关系具有很强的社会嵌入性，形成相互依赖的经济关系，从而减少交易费用、产生深度劳动分工，使得产业集群的竞争力得到提升。

农业发展是城镇化的基础动力，城镇对农村经济发展起到积极的拉动作用。城镇是农村产业集聚的最佳区位选择，在集聚效应下，有助于农业产业结构的优化、促进农村市场的发展和城乡市场一体化的建设。

（二）农业产业集群的发展促进城镇化的进程

产业集群是城镇化的持续推动力。产业集群加快生产要素的集聚。产业集群的规模经济和集聚经济使得生产要素向城镇集聚，使得城镇成为经济的增长极，城镇也必须作出相应的扩张才能与产业集群的规模和作用之适应。

同时，产业集群促进了基础设施的完善和创新环境的形成，提升了城镇综合竞争力、优化城镇的空间结构。基础设施是区域经济的基本承载，包括交通、通信和能源等多个方面。基础设施与地方产业的发展是相辅相成的。产业集群也有利于城镇产业结构的调整升级和趋向合理。产业结构包括产业之间的比例关系及其变化和产业间的投入和产出两个方面，城镇化以及城镇经济发展的过程也是经济结构合理化的过程。在这个过程中，无论是产业集群自发形成的初期还是政府的积极参与集群发展期，都对经济结构的调整起到了积极的作用。

三、襄阳城镇化和农业产业集群发展情况

（一）襄阳城镇化快速发展

改革开放以来，襄阳城镇化得到了快速推进，吸纳了大量农村劳动力转移就业，加速了城乡生产要素双向流动，推动了经济社会持续快速发展，城乡面

貌发生了显著变化，城乡居民生活水平全面提升。但这些成绩的背后，仍然存在一些突出矛盾和问题，较为突出的是在农业产业集群与城镇化的发展过程中，两者缺乏良好的互动互促。襄阳 2014－2016 年三年的常住人口城镇化率分别为 56.01％、57.3％、57.25％，从世界一般发展规律看，一个地区城镇化率达到 50％，即进入了城镇化发展的快速时期，襄阳正处于这样一个黄金期，已经具有强大的城镇化拉动力。新型城镇化是建设"两个中心、四个襄阳"的强大引擎和必由之路。其实质是通过对城乡一体化的推动，逐步改变城乡二元结构、促进城乡协调发展，推动襄阳经济社会持续健康发展，实现现代化发展动力的内生化和发展进程的均衡化。

（二）农业发展态势良好

同时，农业产业化是现代农业发展的方向与基本途径。近几年襄阳市农业产业化发展较快，2016 年农产品加工业总产值达到 2277 亿元，连续 5 年成为全市七大主导产业"龙头"，农产品加工已成襄阳第一大支柱产业。另外，规划中的"丹河谷"中小城市组群将共建生态经济发展试验区，积极构建现代城镇体系。"十三五"期间，襄阳围绕"加快打造现代农业强市"的总体目标，做到"两个基本实现"，即到 2020 年，基本建成现代农业强市，基本实现农业现代化。打造"三基地两样板"，即全国重要的粮食生产基地、区域性农产品加工基地、区域性现代农产品物流贸易基地和国家优质安全农产品生产示范样板、全国一二三产业融合发展样板。

四、发展农业产业集群，积极推进襄阳城镇化建设

（一）科学规划，合理布局

注重规划的超前性和可操作性，坚持产城融合，把培育支柱产业作为新型城镇化中的首要任务，把工业化作为加速新型城镇化进程的主导力量。坚持以人为核心的城镇化，统筹推进城镇化和产业化，实现物的城市化与人的城市化协同发展。重点实施一批提升城镇综合承载能力、改善人居环境的重大基础性、功能性建设项目，为新型城镇化提供基础支撑。用工业化的生产方式改造传统农业。

进一步优化农业产业区域布局。综合考虑资源禀赋、产业发展和市场条件，克服城镇的限制性因素，优化区域生产结构和产业结构。同时科学延伸产业链条，逐步形成全新的融合型产业体系，以新型经营主体引领农业规模化发

展，推动一二三产业融合，深入推进农业供给侧结构性改革。

（二）改善集聚条件，加快基础设施建设

城镇基础设施建设与产业发展是相辅相成的。基础设施建设的过程也是城镇产业发展的过程。增加基础设施建设投资，加快各类基础设施的建设，是城镇化进程和城镇经济可持续发展的必然要求。其中，城镇的能源建设是关键问题，既要保证日常供应，也要搞好与产业发展需要的能源储备。另外，也要调整基础设施建设的投融资体制，从以往的政府投资为主转为以市场融资为主，既要坚持商业化经验，也要引入竞争机制。

（三）完善支撑体系

鼓励支持性产业协同发展，提升服务质量水平，同时加快发展经营性社会化服务组织，探索商业化有偿服务模式，构建涵盖全产业链的全服务链。在农业产业集群形成过程中，农民和企业是产业集群建设的主体，各种新型经营主体是农业产业集群发展的关键力量，除了完善的农业基础设施、便捷的交通网络、充分的能源保障之外，发达的专业市场和相关产业的支撑也是农业产业集群发展的必要条件。另外，专门的中介服务组织可以及时协调和解决集群中出现的问题，减少交易费用。

（四）创新产业集群形成的动力机制

创新是产业集群的重要优势，通过集群成员间协调性的集群学习形成知识共享效应，以及良性竞争机制下成员间相互"挤压效应"的存在，形成一种有利于提高集群整体竞争力的技术创新平台。

创新市场机制，坚持公平的市场竞争；创新成本机制，形成比较成本优势；创新社会动力机制，大力培育主导产业，带动产业的集聚。一是要从企业的创新主体地位强化、产业集群建设、科技创新平台建设、资金支撑体系、政府调控作用的发挥等方面来着手构建农业集群的创新体系。强化企业创新主体地位，实施科技创新平台战略。二是完善创新投融资体系建设。拓宽资金来源，实现投资主体多元化；健全担保机构、完善担保机制，完善中介服务体系建设。三是建立健全人才发展机制、创新机制，加强适应城镇发展需要的各类人才队伍建设。支持龙头企业联合组建产业技术创新联盟，打造区域性政产学研合作示范基地。

参 考 文 献

[1] 蔡玉胜. 从二元结构到一体化发展：理论评析、思路转换和实现路径. 江南社会学院学报 [J]. 2010，(9)：35～38.

[2] 时悦. 美国家庭农场发展经验及其启示. 世界农业 [J]. 2015，(03)：40～44.

[3] 邱谊萌. 英国家庭农场的早期实践对我国的启示 [J]. 2009，(06)：45～47.

[4] 朱学新. 法国家庭农场的发展经验及其对我国的启示. 农村经济 [J]. 2013，(11)：122～126.

[5] 徐会苹. 德国家庭农场发展对中国发展家庭农场的启示. 河南师范大学学报（哲学社会科学版）[J]. 2013 (04)：70～73.

[6] 张迎辉. 他山之石，可以攻玉——国外家庭农场发展的启示. 理论参考 [J]. 2013，(08)：62～63.

[7] 郎秀云. 家庭农场：国际经验与启示——以法国、日本发展家庭农场为例. 毛泽东邓小平理论研究 [J]. 2013，(10)：36～41.

[8] 苏昕等. 我国家庭农场发展及其规模探讨：基于资源禀赋视角 [J]. 农业经济问题. 2014，(05)：8～11.

[9] 黎东升等. 农户家庭经营组织创新的基本模式家庭农场发展研究 [J]. 江西农业经济. 2000，(02)：7.

[10] 姚麒麟等. 以家庭农场为依托推进农业现代化. 农技服务 [J]. 2009，26 (06)：162.

[11] 李学兰等. 农业组织化的实现形式：家庭农场 [J]. 安徽科技学院学报，2010 (4)：91～94.

[12] 李雅莉. 农业家庭农场优势的相关理论探讨 [J]. 农业经济. 2011，(07)：14～15.

[13] 印堃华，邓伟等. 我国农地产权制度改革和农业发展模式的思考 [J]. 财经研究，2001，27 (2)：21～23.

[14] 朱学新. 家庭农场是苏南农业集约化经营的现实选择 [J]. 农业经

济问题，2006，（12）：42.

[15] 许莹. 简论家庭农场 [J]. 河南科技大学学报（社会科学版）. 2006，（5）：85～87.

[16] 张敬瑞. 家庭农场是我国农业现代化最适合的组织形式 [J]. 乡镇经济. 2003，（09）：19.

[17] 关付新. 我国现代农业组织形式创新的政策措施 [J]. 经济经纬. 2005，（02）：115.

[18] 刘爽等. 家庭农场经营体制下的"适度规模"经营问题 [J]. 农业经济. 2014，（01）：11.

[19] 郭熙保. 家庭农场规模的决定因素分析：理论与实证 [J]. 中国农村经济. 2015，（05）：23.

[20] 刘守英. 中共十八届三中全会后的土地制度改革及其实施 [J]. 法商研究，2014，31（02）：3～10.

[21] 刘永佶. 论中国农村土地制度的改革 [J]. 中国特色社会主义研究，2014（01）：40～50.

[22] 刘守英. 中国城乡二元土地制度的特征、问题与改革 [J]. 国际经济评论，2014（03）：9～25＋4.

[23] 李杰，张光宏. 农村土地制度与城镇化进程：制度变迁下的历史分析 [J]. 农业技术经济，2013（02）：104～111.

[24] 韩德军，朱道林. 中国农村土地制度历史变迁的进化博弈论解释 [J]. 中国土地科学，2013，27（07）：21～27.

[25] 郭晓鸣. 中国农村土地制度改革：需求、困境与发展态势 [J]. 中国农村经济，2011（04）：4～8＋17.

[26] 孔祥智，刘同山. 论我国农村基本经营制度：历史、挑战与选择 [J]. 政治经济学评论，2013，4（04）：78～133.

[27] 王振坡，梅林，詹卉. 产权、市场及其绩效：我国农村土地制度变革探讨 [J]. 农业经济问题，2015，36（04）：44～50＋111.

[28] 刘广栋，程久苗. 1949 年以来中国农村土地制度变迁的理论和实践 [J]. 中国农村观察，2007（02）：70～80.

[29] 王剑锋，邓宏图. 家庭联产承包责任制：绩效、影响与变迁机制辨析 [J]. 探索与争鸣，2014（01）：31～37.

[30] 巴特尔，李主其，曹建民. 家庭联产承包责任制的创新和困境研究 [J]. 管理现代化，2013（05）：7～10.

[31] 吴江，张艳丽. 家庭联产承包责任制研究 30 年回顾 [J]. 经济理论

与经济管理，2008（11）：43～47.

[32] 李孔岳. 农地专用性资产与交易的不确定性对农地流转交易费用的影响 [J]. 管理世界，2009（03）：92～98＋187～188.

[33] 罗必良，李尚蒲. 农地流转的交易费用：威廉姆森分析范式及广东的证据 [J]. 农业经济问题，2010，31（12）：30～40＋110～111.

[34] 牛德生. 资产专用性理论分析 [J]. 经济经纬，2004（03）：18～21.

[35] 刘媛. 农地流转中交易费用分析及降低途径研究 [D]. 西安建筑科技大学，2013.

[36] 罗必良，刘成香，吴小立. 资产专用性、专业化生产与农户的市场风险 [J]. 农业经济问题，2008（07）：10～15＋110.

[37] 张元智，马鸣萧. 企业规模、规模经济与产业集群 [J]. 中国工业经济，2004（06）：29～35.

[38] 张晖明，邓霆. 规模经济的理论思考 [J]. 复旦学报（社会科学版），2002（01）：25～29.

[39] 陆文荣，段瑶，卢汉龙. 家庭农场：基于村庄内部的适度规模经营实践 [J]. 中国农业大学学报（社会科学版），2014，31（03）：95～105.

[40] 汤建尧，曾福生. 经营主体的农地适度规模经营绩效与启示——以湖南省为例 [J]. 经济地理，2014，34（05）：134～138.

[41] 许庆，尹荣梁. 中国农地适度规模经营问题研究综述 [J]. 中国土地科学，2010，24（04）：75～81.

[42] 田凤香，许月明，胡建. 土地适度规模经营的制度性影响因素分析 [J]. 贵州农业科学，2013，41（03）：95～97＋101.

[43] 黄新建，姜睿清，付传明. 以家庭农场为主体的土地适度规模经营研究 [J]. 求实，2013（06）：94～96.

[44] 孙林，傅康生. 农村土地适度规模经营的阻碍因素与转型路径 [J]. 中共中央党校学报，2015，19（01）：81～84.

[45] 赵伟峰，王海涛，刘菊. 我国家庭农场发展的困境及解决对策 [J]. 经济纵横，2015（04）：37～41.

[46] 曾福生. 推进土地流转发展农业适度规模经营的对策 [J]. 湖南社会科学，2015（03）：154～156.

[47] 张红宇. 现代农业与适度规模经营 [J]. 农村经济，2012（05）：3～6.

[48] 凌斌. 土地流转的中国模式：组织基础与运行机制 [J]. 法学研究，2014，36（06）：80～98.

[49] 刘兆征. 农村土地承包经营权流转调研 [J]. 国家行政学院学报，

2015（02）：63～67.

[50] 王恒. 城镇化进程中农村土地流转的政策分析 [J]. 宏观经济研究，2015（03）：70～75.

[51] 卢泽羽，陈晓萍. 中国农村土地流转现状、问题及对策 [J]. 新疆师范大学学报（哲学社会科学版），2015，36（04）：114～119.

[52] 姜长云，席凯悦. 关于引导农村土地流转发展农业规模经营的思考 [J]. 江淮论坛，2014（04）：61～66.

[53] 韩松. 新农村建设中土地流转的现实问题及其对策 [J]. 中国法学，2012（01）：19～32.

[54] 尹希果，马大来，陈彪，张杰. 我国农村土地流转四种典型运作模式及评析 [J]. 福建论坛（人文社会科学版），2012（02）：18～23.

[55] 苏群，汪霏菲，陈杰. 农户分化与土地流转行为 [J]. 资源科学，2016，38（03）：377～386.

[56] 孙圣民，孟愈飞. 当前农村土地流转的制度背景、影响因素、模式与展望：一个文献评述与政策解读 [J]. 理论学刊，2015（12）：37～45.

[57] 郎佩娟. 农村土地流转中的深层问题与政府行为 [J]. 国家行政学院学报，2010（01）：28～32.

[58] 北京天则经济研究所《中国土地问题》课题组，张曙光. 土地流转与农业现代化 [J]. 管理世界，2010（07）：66～85＋97.

[59] 吕晨光，杨继瑞，谢菁. 我国农村土地流转的动因分析及实践探索 [J]. 经济体制改革，2013（06）：73～77.

[60] 赵鲲，赵海，杨凯波. 上海市松江区发展家庭农场的实践与启示 [J]. 农业经济问题，2015，36（02）：9～13＋110.

[61] 邵平，荣兆梓. 家庭农场财政补贴政策的效用研究——以上海松江模式为例 [J]. 上海经济研究，2015（09）：112～119.

[62] 张士云，江激宇，栾敬东，兰星天，方迪. 美国和日本农业规模化经营进程分析及启示 [J]. 农业经济问题，2014，35（01）：101～109＋112.

[63] 何劲，熊学萍，宋金田. 国外家庭农场模式比较与我国发展路径选择 [J]. 经济纵横，2014（08）：103～106.

[64] 杜志雄，肖卫东. 家庭农场发展的实际状态与政策支持：观照国际经验 [J]. 改革，2014（06）：39～51.

[65] 吴夏梦，何忠伟，刘芳，白燕飞. 国外家庭农场经营管理模式研究与借鉴 [J]. 世界农业，2014（09）：128～133.

[66] 高海. 美国家庭农场的认定、组织制度及其启示 [J]. 农业经济问

题，2016，37（09）：103～109＋112.

[67] 刘西川，程恩江. 中国农业产业链融资模式——典型案例与理论含义 [J]. 财贸经济，2013（08）：47～57.

[68] 王艳华. "互联网＋农业"开启中国农业升级新模式 [J]. 人民论坛，2015（23）：104～106.

[69] 林茜. 产业融合背景下农业旅游发展新模式 [J]. 农业经济，2015（09）：61～62.

[70] 尉郁，杨平宇. 日本生态农业的新模式研究 [J]. 世界农业，2018（05）：138～143.

[71] 李仪. "互联网＋"背景下的农业商业模式创新：基于农业全产业链闭合平台的视角 [J]. 学习与探索，2016（09）：101～106.

[72] 许益亮，靳明，李明焱. 农产品全产业链运行模式研究——以浙江寿仙谷为例 [J]. 财经论丛，2013（01）：88～94.

[73] 张晓林，于战平. 农业产销体系创新的全产业链模式研究 [J]. 北京工商大学学报（社会科学版），2013，28（05）：9～14.

[74] 张军. 现代农业的基本特征与发展重点 [J]. 农村经济，2011（08）：3～5.

[5] 高艳，王蕾，李征，刘宏宇，刘永悦. "互联网＋农业"：重构农产品全产业链发展模式 [J]. 世界农业，2017（12）：11～17.

[75] 赵珂珂. 农产品全产业链商业模式分析 [J]. 商业经济研究，2015（21）：22～23.

[76] 徐振宇，李冰倩，王跃. "全产业链"战略与企业绩效提升的关系探究 [J]. 商业时代，2014（14）：93～96.

[77] 周格粉，肖晓. 全产业链模式：我国区域乡村旅游发展的重要选择 [J]. 广东农业科学，2013，40（03）：234～236.

[78] 张晓林. 全产业链视角的农产品流通产业升级 [J]. 中国流通经济，2013，27（05）：22～27.

[79] 张军. 发展现代农业要处理好六大关系 [J]. 学习与探索，2014（09）：126～130.

[80] 王丽. 智慧农业背景下农业全产业链发展路径探索 [J]. 农业经济，2018（04）：6～8.

[81] 刘亢，张晓帆，宁如. 基于茶叶经济的农业一二三产业融合发展研究 [J]. 福建茶叶，2018，40（07）：66.

[82] 黄玉萍. 我国农业企业实施全产业链战略的驱动因素及实现路径

[J]. 农业经济，2017（03）：30～31.

[83] 王铁. 河南农业全产业链经营实践 [J]. 行政管理改革，2017（07）：10～13.

[84] 王益明. "互联网＋"视角下我国农业全产业链融合发展研究 [J]. 改革与战略，2017，33（09）：103～106.

[85] 彭永芳，蒙玉玲，张惠敏. 以全产业链模式重构农产品流通体系 [J]. 商业经济研究，2015（02）：17～19.

[86] 李慧. 全产业链理论视角下农村现代服务业产业集聚研究 [J]. 农业经济，2018（07）：9～11.

[87] 姜长云. 完善农村一二三产业融合发展的利益联结机制要拓宽视野 [J]. 中国发展观察，2016（02）：42～43＋45.

[88] 国家发展改革委宏观院和农经司课题组. 推进我国农村一二三产业融合发展问题研究 [J]. 经济研究参考，2016（04）：3～28.

[89] 姜长云. 推进农村一二三产业融合发展的路径和着力点 [J]. 中州学刊，2016（05）：43～49.

[90] 李玉磊，李华，肖红波. 国外农村一二三产业融合发展研究 [J]. 世界农业，2016（06）：20～24.

[91] 苏毅清，游玉婷，王志刚. 农村一二三产业融合发展：理论探讨、现状分析与对策建议 [J]. 中国软科学，2016（08）：17～28.

[92] 张勇. 提高认识　找准定位　深入推进农村一二三产业融合发展 [J]. 宏观经济管理，2017（02）：4～8.

[93] 孟露露. 一二三产业融合视角下发展现代农业 [J]. 农业经济，2017（05）：3～5.

[94] 朱信凯，徐星美. 一二三产业融合发展的问题与对策研究 [J]. 华中农业大学学报（社会科学版），2017（04）：9～12＋145.

[95] 吕岩威，刘洋. 推动农村一二三产业融合发展的路径探究 [J]. 当代经济管理，2017，39（10）：38～43.

[96] 姜晶，崔雁冰. 推进农村一二三产业融合发展的思考 [J]. 宏观经济管理，2018（07）：39～45.

[97] 游玉婷，王志刚，苏毅清. 湖北省农村一二三产业融合现状、问题及对策 [J]. 新疆农垦经济，2016（1）：14～17.

[98] 宁夏，叶敬忠. 改革开放以来的农民工流动——一个政治经济学的国内研究综述 [J]. 政治经济学评论，2016，7（1）：43～62.

[99] 刘志阳，李斌. 乡村振兴视野下的农民工返乡创业模式研究 [J].

福建论坛（人文社会科学版），2017（12）.

[100] 黄晓勇. 基于结构化视角的农民工返乡创业研究 ［D］. 重庆大学，2012.

[101] 罗兴奇. 农民工返乡的代际差异及生成机制研究——基于江苏省 N 村的实证分析 ［J］. 北京社会科学，2016（7）：93～101.

[102] 费孝通. 乡土中国·生育制度 ［M］. 北京：北京大学出版社，1998：26.

[103] 中国宏观经济研究院产业所　盛朝迅. 理解高质量发展的五个维度 ［N］. 经济日报，2018：14.

[104] 迟福林. 转向高质量发展，要突出强调动力变革 ［J］. 环境经济，2018（5）.

[105] 邵彦敏. 新发展理念：高质量发展的战略引领 ［J］. 国家治理，2018（05）：11～17.

[106] 刘娟. 马克思经济增长理论与我国经济发展方式转变问题研究 ［D］. 西北师范大学，2012.

[107] 张为付，张晓磊. 在产业良性互动中实现经济发展高质量 ［J］. 群众，2018（04）：26～28.

[108] 焦国栋. 中国经济发展路径由高速增长向高质量发展转变 ［J］. 农村·农业·农民（A 版），2017（11）：15.

[109] 王勤谟. 浅论经济发展方式转变若干问题 ［J］. 中外企业家，2011（10）：3～4.

[110] 严成樑，龚六堂. 熊彼特增长理论：一个文献综述 ［J］. 经济学（季刊），2009，8（3）：1163～1196.

[111] 金碚. 关于"高质量发展"的经济学研究 ［J］. 中国工业经济，2018（4）.

[112] 陈昌兵. 新时代我国经济高质量发展动力转换研究 ［J］. 上海经济研究，2018（5）.

[113] 任保平，李禹墨. 新时代我国高质量发展评判体系的构建及其转型路径 ［J］. 陕西师范大学学报（哲学社会科学版），2018（3）.

[114] 刘志彪. 为高质量发展而竞争：地方政府竞争问题的新解析 ［J］. 河海大学学报（哲学社会科学版），2018，20（2）：1～6.

[115] 张玉香. 牢牢把握以品牌化助力现代农业的重要战略机遇期 ［J］. 农业经济问题，2014，35（5）：4～7.